Mischa Martini

Fischers Mathes
in Krieg und Frieden

Roman

Verlag
Michael
Weyand

Mischa Martini

Fischers Mathes

in Krieg und Frieden

Roman

Verlag
Michael
Weyand

Impressum

www.weyand.de Tel. 06 51 / 9 96 01 40

www.mischa-martini.de, info@mischa-martini.de
www.instagram.com/mischa.martini/

Lektorat: Gabriele Belker

Satz: Verlag Weyand, Trier
Druck: CPI books GmbH, Leck, Germany

Historischer Stadtplan Trier: Stadtarchiv Trier
Abbildung Cover: wikipedia.de
Umschlaggestaltung: Ingrid Scharfschwerdt

ISBN: 978-3-949787-01-0
1. Auflage 2022

Komik ist meine Art,
mit Tragik und Verzweiflung umzugehen.
T. C. Boyle

Die Franzosen haben ihren Kaiser geköpft und
die Deutschen haben sich gebückt.
Berthold Brecht

Kunst ist Magie, befreit von der Lüge,
Wahrheit zu sein.
Theodor W. Adorno

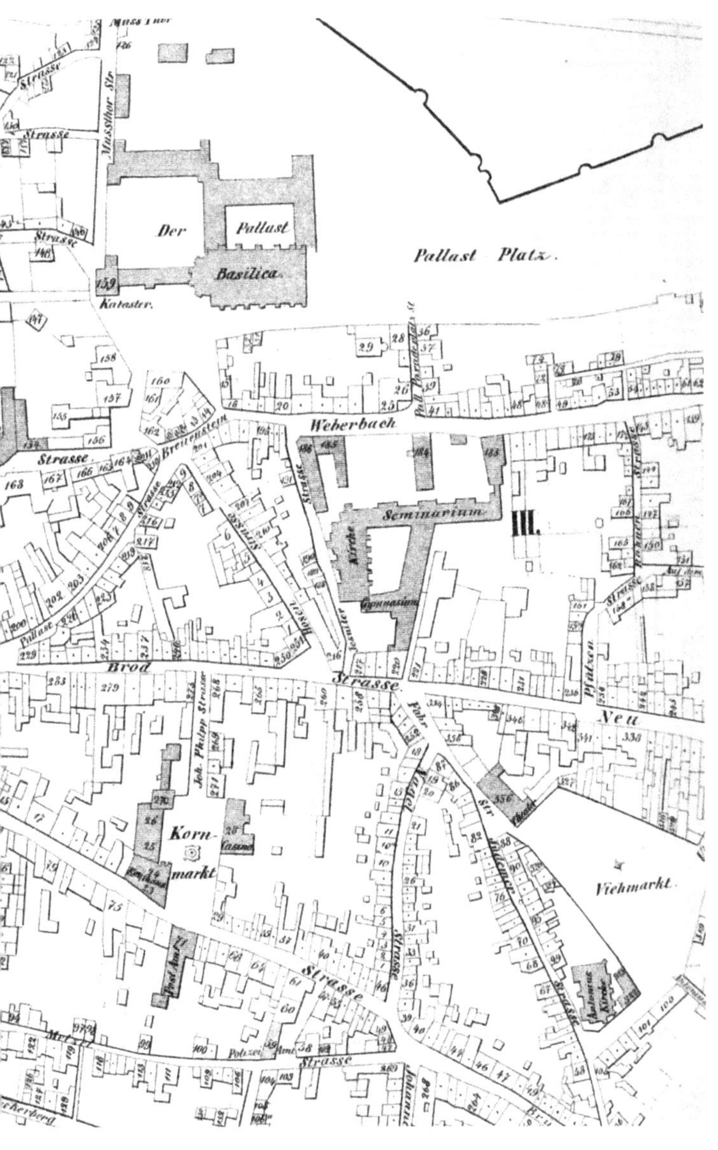

Der Pallast
Basilica
Pallast Platz
Kataster
Weberbach
Seminarium
Kirche
Gymnasium
III.
Brod Strasse
Neu
Korn-markt
Casino
Post Amt
Viehmarkt
Polizei Amt
Strasse
Joh. Philipp Strasse
Pfützen
Antonius Kirche
Theater

INHALT

PERSONEN

Mathias (Mathes) Fischer,
Händler

Katharina (Kathi) Fischer (geb. Meckel), Händlerin

Linsenwöllm,
Dienstmann

Caroline Schmall,
Verkäuferin

Karl Schmall, Geometer

Heinrich Rosbach, Arzt

Andreas Tont,
Zigarrenfabrikant

Holzer, Schutzmann

Felix Müller,
Polizeikommissar a.D.

Josef Mehlbreuer,
Porträtist, Fotograf

Max, Großneffe von Mathes

Johann Fischer,
Buchbinder, Vater von Mathes

Susanne Fischer,
Hausfrau, Mutter von
Mathes

Kurt Meckel,
Händler, Vater von Kathi

Frieda Fischer,
Haushaltshilfe, Schwester von Mathes

Alfredo Höllen,
Tabakhändler in Paris

Félix Nadar, Fotograf in Paris

Sam Clemens, Besucher
aus Amerika

Peter (Pitter) Blasius,
Fleischer

Barbara (Bäbbchen) Blasius,
Frau von Pitter

Schersach,
Schneider

Jenny Marx
(geb. von Westphalen),
Sozialistin

Trier, 1879

Mathes

Mit leicht kratzender Feder schrieb er langsam und akkurat drei Worte auf den kleinen Karton. Kein Tintenfleck, alle Buchstaben passten, und die Schrift war dick genug, um auch aus einiger Entfernung gelesen werden zu können. Mit dem Mittelfinger schob er die Brille den Nasenrücken hinauf.

Mathes saß auf dem Sofa in der Stube neben dem Laden. Wie jeden Abend zählte er das Geld in der Kasse. Obwohl es die Mark schon seit einigen Jahren gab, verlangte er beim Kassieren manchmal noch den Taler. Er trug den Ertrag des Tages in das Kassenbuch ein und legte es in das Wandregal zurück, in dem auch seine Tabaksdosen standen. Nachdem er ein paar Münzen in seine Jackentasche gesteckt hatte, wanderte die Kasse durch einen Spalt in das übliche Versteck unter dem Sofa: Hier saß er, wenn keine Kundschaft im Laden war. Nachts diente es ihm als Schlafstatt.

Mathes goss sich den Rest aus dem Krug in die Porz. Nachher würde er sich noch ein paar Viez bei Elli in der Höll, seinem Lieblingslokal, gönnen. Er zog seine Taschenuhr bis zum Anschlag auf und betrachtete dabei die an den Spitzen fein ziselierten goldenen Zeiger auf dem elfenbeinfarbenen Zifferblatt.

Sorgfältig blies er über die längst getrocknete Tinte, bevor er das kartonierte Blatt im dunklen Schaufenster an eine der Calvadosflaschen in der Auslage lehnte. Wenn es am nächsten Morgen hell genug war, würde sein letzter Hinweis an die Kundschaft gut zu lesen sein:

WEGEN STERBEFALL GESCHLOSSEN

Paris, 1867

Sam Clemens

Während Mathes das Gepäck auf einen der beiden zerschlissenen Sitze lud, verhandelte Kathi vorne mit dem Kutscher. Getrappel von Schuhen, Geklapper von Hufen, Rollgeräusche der Räder, Rufe der Fahrgäste und Kutscher, das Schnauben der Tiere und aus dem Bahnhof der Lärm der ständig ankommenden und abfahrenden Züge – noch nie hatte Mathes mehr Menschen auf einmal gesehen und noch nie mehr Geräusche auf einmal gehört, als kurz nach ihrer Ankunft am Gare du Nord.

„Hätte ich dir helfen sollen?", fragte er, als Kathi zu ihm in die Kutsche stieg.

„Der Cocher hat behauptet, nur zur Ausstellung zu fahren", sagte sie leise, damit es vom Kutschbock aus nicht verstanden werden sollte. „Die Strecke zu unserem Hotel wäre viel zu kurz. Das würde sich für ihn nicht lohnen."

Vor ihnen ließ der Kutscher die Peitsche knallen. Das Pferd spannte das Geschirr und das Gefährt fuhr ruckelnd los.

„Und dann?" Mathes legte den rechten Arm hinter Kathi.

„Ich musste dem Erpresser einen Aufschlag zahlen." Sie hatte seine Hand genommen und drückte sie nun fest, so wie sie es immer tat, wenn sie aufgeregt war.

Als sich der Einspänner in den Verkehr einordnete, schaute Mathes zurück, vielleicht auch, um sich zu versichern, wie der Bahnhof aussah, von wo sie wieder aus diesem Chaos entkommen konnten. Schließlich wandte er den Blick von dem imposanten Gebäude, das mit Säulen und großen Figuren mehr einem griechischen Tempel als einem Bahnhof glich.

„Steht ja dran, Gare du Nord“, sagte er mehr zu sich selbst.

Kathi fixierte mit dem Zeigefinger ihrer rechten Hand einen Punkt auf dem aufgefalteten Stadtplan auf ihrem Schoß.

Der Wagen ruckelte, als der Kutscher das Pferd zu mehr Tempo antrieb. Um sie herum schlugen Hufeisen auf, rasselten eisenbeschlagene Räder auf dem Pflaster. Ein Zweispänner sauste an ihnen vorbei. An den Hüten der Damen im Fond wehten bunte Bänder im Wind.

In dem riesigen Bahnhof war es so laut gewesen wie es Mathes nur beim hektischen Bau der Barrikaden 1848 in Trier erlebt hatte. Das war mittlerweile schon fast zwanzig Jahre her. Die Erinnerungen an den Lärm, die Aufregung und die Angst waren geblieben. Gerade jetzt konnte er es wieder spüren.

Ohne an Fahrt zu verlieren, fädelte der Kutscher am Ende der Straße sein Gefährt in den Strom von Wagen ein, die auf einem großen Platz im Kreis herumfuhren und dabei so viel Staub aufwirbelten, dass man keine zehn Meter weit sehen konnte. Kathi klammerte sich an Mathes' Weste, um nicht von den heftig nach außen strebenden Kräften aus der Kutsche geschleudert zu werden. Von links und rechts tauchten Wagen auf und kamen ihnen gefährlich nah. Einmal ging es rund um den ganzen Platz und dann schaffte es der Fahrer, mit der Kutsche nach links abzubiegen.

Sie befanden sich nun auf einem von Alleen gesäumten großen Boulevard.

Sowas hatte Mathes noch nicht erlebt! Auf mehreren Spuren waren Kutschen und Lastkarren unterwegs. Auf der Gegenspur ebenso. In der Straßenmitte kamen sich die Gefährte bedenklich nahe.

„Ist es nicht schön?" Kathi brauchte nicht mehr so laut zu rufen wie vorhin, als sie Mathes auf einen imposanten Torbogen zwischen zwei Häusern aufmerksam gemacht hatte. Der Straßenbelag hatte gewechselt, das laute Pflaster war verschwunden. Es war der Makadam, aus dem der Belag der großen Boulevards bestand, von dem ihm Andreas Tont erzählt hatte. Und auf einer dieser Prachtstraßen waren sie jetzt unterwegs.

„Den gibt et jetzt, damit die Leut bei der nächsten Revolution keine Pflastersteine mehr ausgraben können", bemerkte Mathes und deutete nach unten zur Straße.

„Was sagst du?", fragte Kathi, ohne den Blick zu ihm zu wenden.

„Erzähl ich dir nachher." Mathes winkte ab.

Hier staubte es nicht mehr ganz so arg wie auf dem Platz vorhin. Links und rechts säumten mächtige Platanen den Boulevard, der so breit war, dass in jeder Richtung gleich mehrere Kutschen nebeneinander unterwegs sein konnten – mal waren es drei, manchmal sogar vier. Alles schien sich in einem Rahmen abzuspielen, den die Chauffeure gewohnt waren. Mathes' Nerven hatten sich gerade ein wenig beruhigt, da entdeckte er die tückischen Hindernisse, die in regelmäßigen Abständen mitten auf der Straße standen. Es handelte sich um Laternen aus Metall, die im Falle einer Kollision wohl keinen Zentimeter nachgaben. Sicher war es von Vorteil, wenn es hier des Nachts eine Beleuchtung gab, aber tagsüber waren diese Hindernisse lebensgefährlich. Er wischte mit dem Hemdsärmel über seine staubigen Brillengläser und beäugte die nächsten Laternen nach Spuren von Unfällen.

Immer wieder zeigte Kathi zu einem der links und rechts hoch aufragenden Häuser. Mathes kam es vor, als trieben sie auf einer rauschenden Flussfahrt zwischen einer Felsformation hindurch.

Urplötzlich bog die Kutsche nach rechts ab.

„Wir sind gleich da!", rief Kathi gegen den Lärm der Hufe und Räder auf dem Kopfsteinpflaster der kleinen Straße, die kaum Platz für zwei Fuhrwerke bot. Die Häuser waren ähnlich hoch wie die in der Allee, die Schlucht dazwischen noch enger.

Die Bremsen schleiften auf den Eisen der Räder, als die Kutsche anhielt. Mathes reichte das Gepäck zu Kathi auf das Trottoir. Erst mit dem letzten und schwersten Koffer in der Hand verließ er selbst den Wagen, um sicher zu sein, dass der Kutscher nicht abfuhr, bevor alle Gepäckstücke abgeladen waren.

Auf dem Trottoir nahm er die beiden Koffer und klemmte sich die Hutschachtel unter den Arm. Den Rucksack hatte er sich über eine Schulter geworfen. Kathi trug ihre Reisetasche. Als er ihr nun durch den überdachten Vorbau folgte, der wie ein Baldachin den Eingang des Hotels überspannte, fühlte er sich wie einer der Gepäckträger im Gare du Nord. Die beiden Flügel der Tür standen offen.

Drinnen gelangten sie durch einen kurzen Flur zum Empfang, wo sie eine Frau mit misstrauischem Blick taxierte.

„Bonsoir Madame." Mathes hatte keine Hand frei, um den Hut zu heben. „Monsieur et Madame Fischer, s'il vous plait", stellte er sie beide vor. „Nous avons reservé." Alle Worte waren wohlüberlegt. Auf dem Gymnasium hatte er drei Jahre lang Französisch gelernt.

„Pardon Monsieur“, sagte die Frau am Empfang. „Nous sommes complets.“

„Das kann nicht sein. Nous avons reservé. Das ist doch die Nummer sieben.“ Er rief sich kurz die französischen Zahlen auf. „Numero sept, Rue des Petits-Hotels?“

„Exposition!“ Die Frau hob entschuldigend beide Hände. „Tous le monde est à Paris.“

Nun schaltete sich Kathi ein. Sie legte das Telegramm mit der Bestätigung der Reservierung auf den Tresen.

Beim Kutscher vor dem Gare du Nord hatte Mathes nur wenig von dem Wortwechsel mitgekriegt. Hier war er nun erstaunt über den französischen Wortschatz seiner Frau und die unaufgeregte Art, in der sie der Empfangsdame darlegte, dass sie, egal wie, ihnen ein Zimmer in ihrem Haus oder notfalls in einem Hotel in der Nachbarschaft zu besorgen habe.

Aus der Entgegnung der Concierge oder wie auch immer eine Empfangsdame im Hotel bezeichnet wurde, vermeinte er zu verstehen, dass ihr Zimmer erst vor kurzem vergeben worden sei, weil man heute nicht mehr mit ihrer Ankunft gerechnet habe.

„Exposition, tous Paris est complet!“, wiederholte die Frau mit einer theatralischen Geste. Kathi antwortete völlig unbeeindruckt. Der Wortwechsel ging eine Weile hin und her. Schließlich schien man sich zu einigen.

„Wir kriegen ein Personalzimmer, als Provisorium, nur für eine Nacht. Morgen ziehen wir in ein ordentliches Zimmer“, sagte Kathi, als sie sich wieder Mathes zuwendete. „Unser Gepäck wird versorgt.“

*

Inzwischen war es dunkel geworden. In der schmalen Straße leuchteten die Gaslampen. Mathes reichte Kathi den Arm. Er atmete hörbar aus, bevor sie sich, unbeschwert von Gepäck und Hektik, auf den Weg durch die Rue des Petits Hotels machten.

Sie hatten es nicht eilig. Immer wieder blickte Mathes an den Fassaden hinauf. An den Straßencafés wichen sie auf die Straße aus. Ein Stück weiter fanden sie einen freien Tisch in einem kleinen Innenhof. Der Kellner zeigte auf eine Schiefertafel. Darauf waren zwei von vier Gerichten durchgestrichen. Während Kathi las, ersetzte der Ober den Stumpf in dem Glas in der Mitte des Tisches gegen eine neue Kerze.

„Kathi, bestell du was für uns“, forderte Mathes seine Frau auf, während er sich eine Pfeife stopfte. Von den Gerichten, die mit Kreide auf der Tafel angeschrieben waren, kannte er kaum ein Wort.

„Vorzüglich!“, lobte Mathes, als er nach dem Servieren einen herzhaften Bissen probiert hatte. Die erste Karaffe Wein war da schon leer. Eine zweite bestellte er mit einer Handbewegung und einem freundlichen Lächeln.

„Das solltest du dem Koch sagen“, bemerkte Kathi. „Ich habe den Coq au vin nur bestellt.“

„Das hast du ausgezeichnet hingekriegt“, sagte Mathes. „Hätte ich das getan, müssten wir jetzt wahrscheinlich Schnecken oder Frösche essen.“

„Die stehen gar nicht auf der Tafel“, sagte sie. „Eigentlich gab es nur das hier.“ Sie deutete auf ihren Teller.

„Das hast du gut gemacht, genauso wie du mit dem Kutscher verhandelt und vorhin im Hotel die Sache mit dem Zimmer geregelt hast.“ Er hob sein Glas und stieß mit ihr an. „Ich bin stolz auf dich.“

Sie zuckte mit der Schulter. „Sonst hätten wir uns ein anderes Hotel suchen müssen.“

„Paris est complet.“ Dabei machte er eine ausladende Handbewegung und hätte um ein Haar das Tablett des Kellners getroffen. „Pardon Monsieur.“

„Paris est complet“, wiederholte er etwas leiser, während er eine der kleinen runden Scheiben von dem luftigen weißen Brot in die übrig gebliebene Soße auf seinem Teller tunkte. „Das habe ich vorhin mitgekriegt. Nichts anderes hätten wir wahrscheinlich in den anderen Hotels zu hören bekommen.“

„Unter einer Seinebrücke wäre vielleicht noch ein Plätzchen frei gewesen.“ Sie lächelte.

„So romantisch soll das gar nicht sein, hat der Tont gemeint. Besonders im Winter.“ Mathes fischte ein silbernes Zigarrenetui aus der Jackentasche.

Am Tisch nebenan saßen drei fein gekleidete Herren. Sie sprachen Englisch, recht laut, und rauchten Zigarren. Der rote Wein schien ihnen ebenfalls zu schmecken.

„Vive la France!“, rief der jüngste von ihnen zu ihrem Tisch hinüber und hob sein Glas. Der junge Mann hatte sein lockiges Haar nach hinten gekämmt. Die beiden älteren Herren erhoben ebenfalls ihre Gläser, einer trug einen Zylinder, der andere einen ausladenden Hut mit an den Seiten nach oben gebogener Krempe, wie Mathes ihn von Zeichnungen aus seinen Abenteuerromanen kannte.

Mathes prostete ihnen zu „God save the Queen.“

Am Nachbartisch wurde es still.

„Das sind doch keine Engländer!“, flüsterte Kathi hinter vorgehaltener Hand.

„God save the President.“ Mathes erhob nochmals sein Glas. „Long live Amerika.“

Die Herren applaudierten lachend. Mathes nickte ihnen zu.

„Ich wusste gar nicht, dass du auch Englisch kannst", sagte Kathi, als sich der Trubel gelegt hatte.

„Früher haben öfter mal Engländer bei mir Zigarren gekauft. Sehr aufgeschlossene Leute. Mit denen kommt man schnell ins Gespräch."

„Aha", bemerkte sie. „Konntet ihr deutsch sprechen?"

„Mit Händen und Füßen." Er grinste. „Kennst mich ja. Wenn du Trierer Platt schwätzen kannst, dann verstehst du schon einiges."

„Und das wäre?"

„Zigarr, Tubak, Pipe, guden, dat klingt nit viel anners als bei denen."

Sie lachte.

„Liebe Kathi", sagte er. „Es gibt sicher noch einiges mehr, mit dem ich dich überraschen könnte. Aber Bescheidenheit ist ..."

„... allerdings wäre es für mich überraschend, wenn du auf einmal Bescheidenheit entwickeln würdest." Sie legte ihm lächelnd eine Hand auf den Unterarm.

Mathes war satt, leicht betrunken, geschafft von der Reise und mit dem liebsten Menschen der Welt zusammen. „Ich freue mich so." Er legte seine Hand auf ihre. Fast wäre ihm eine Träne gekommen.

*

Im Hotel wurde es dann doch noch anstrengend. An der Rezeption erhielten sie einen großen, rostigen Schlüssel. Mathes schleppte die schweren Koffer – er bestand darauf, beide zu tragen – viele Stufen hinauf bis zur Mansarde. Dabei leuchtete ihm Kathi mit einem zweiarmigen Kerzenständer so gut sie konnte den Weg. In der kleinen Stube war es heiß wie in einem Backofen, obwohl das Dachfenster offen stand. Nachdem Mathes die Koffer abgesetzt hatte, wischte er sich den Schweiß von der Stirn. Er hob den Glaskolben der Petroleumlampe ab und legte ihn auf den Nachttisch. Im Schein der Kerzen nahm er den Brenner genau in Augenschein, regulierte mit dem Kupferrädchen den Docht, schabte mit dem Zündholz den Ruß ab, ließ das Schwefelholz an der Reibe aufblitzen und zündete den Docht an. Während ihn der Schwefelgeruch in der Nase kitzelte, wartete er bis die Flamme hoch genug war und stülpte den Glaskolben wieder darüber. Dann regulierte er ein wenig nach. Ringsum schienen die Wände des schmalen Zimmers und besonders die tiefe Schräge über dem Bett noch ein wenig näher zu rücken.

Kathi suchte aus den Koffern, die gerade noch in das winzige Zimmer passten, das Nachtzeug heraus. Auf dem Bett lagen drei Matratzen übereinander. Als Mathes sich darauf legte, schwankten sie dermaßen, dass er befürchtete, mit dem ganzen Bett auf dem Bretterboden zu landen.

„Da wird man ja seekrank", meckerte er. „Und das auch ganz ohne Rotwein."

Als Kathi mit der Kerze aus dem im Flur gelegenen Bad wieder zurück ins Zimmer kam, war ihr Mann bereits eingeschlafen.

Eine Zeitlang lauschte sie den Geräuschen der Stadt und dem Atmen von Mathes, das sich, das wusste sie aus Erfahrung, bald zu einem unüberhörbaren Schnarchen auswachsen würde, besonders wenn er getrunken hatte.

*

Das vertraute Gurren einer Taube ließ Kathi zuerst glauben, zuhause im Bett aufzuwachen. Daran änderten auch die Rollgeräusche eines Karrens über das Pflaster nichts. Sie hatte von einer aufregenden Zugfahrt geträumt, bei der sie zuletzt aus dem Waggonfenster eine Herde von Pferden beobachtete, die zwischen hohen Häusern und einer Reihe von Bäumen grasten. Das Zischen der Lokomotive ließ sie innehalten. Allmählich entpuppte sich das Zischen als das vertraute Schnarchen ihres Ehemanns. Mathes hatte die Decke von sich gestrampelt. Das Bett war so ungewöhnlich hoch, dass Kathi sich wie aufgebahrt vorkam.

Bei nach oben ausgestrecktem Arm fehlten nur noch wenige Zentimeter zwischen ihren Fingerspitzen und den Dachsparren. Diese waren staubig und von Spinnweben überzogen, besonders dicht an der schmalen Dachluke neben dem mit Ziegeln gemauerten Schornstein. Kathi wollte nicht wissen, was hier bei einem Gewitterregen los war. Sie verspürte ein leichtes Ziehen im Bauch. Ob es am ungewohnten Essen lag? Amseln sangen ihre Strophen, sie klangen wie zuhause. Spatzen zwitscherten und auch Schwalbenrufe waren zu hören. Die anderen Vögel wüsste Mathes zu benennen.

*

Im Frühstücksraum roch es nach gebratenem Speck, Rauch und Kaffee. Nur an zwei Tischen saßen noch Gäste, auf den anderen stand benutztes Geschirr. Mathes und Kathi nahmen an einem der kleinen Tische an den Fenstern zur Straße Platz. Mathes schaute hinaus auf den regen Verkehr. Er vernahm Hufgeklapper, eisenbeschlagene Räder, Gespräche und Rufe. Am Bordstein stand eine Kutsche mit zwei geschniegelten Pferden. Der Kutscher und ein weiterer Mann verstauten Gepäck.

„Es gibt keine Zufälle", sagte Mathes, ohne den Blick abzuwenden. „Das sind doch ..."

Kathi beugte sich nach vorn und sah ebenfalls nach unten. Die Hüte der drei in eine Kutsche steigenden Herren ähnelten denen der Amerikaner, die beim Abendessen im Gartenrestaurant am Nebentisch gesessen hatten.

Kathi nickte. „Du hast recht, das sind die netten Herren von gestern Abend."

Während sie auf das Frühstück warteten, wurden die Tische nebenan abgedeckt. Auf einem blieb ein kleines schwarzes Büchlein liegen, das Mathes an die Hefte erinnerte, die sein Vater für die Lehrer des Gymnasiums fertigte.

Nach der ersten Tasse Kaffee regten sich bei dem bis dahin recht einsilbigen Mathes wieder die Lebensgeister. Das stark krümelnde Teil auf seinem Teller, das weder Brötchen noch Kuchen war, hatte ihn keineswegs gesättigt. Er stopfte sich eine Pfeife und sah Kathi dabei zu, wie sie mit kleinen Bissen aß.

„Wirklich lecker", sagte sie. „Möchtest du noch ein Croissant?"

„Danke." Er winkte ab und drückte den Tabak im Pfeifenkopf fest. „Wir finden bestimmt nachher ein Café für ein zweites Frühstück."

Mathes zündete die Pfeife an. Die ersten Züge schmeckten wie immer am besten. Aus dem Fenster sah er, wie zwei Männer den Bordstein fegten. Ein dritter schob einen offenen Karren, darin ein runder Kübel. Immer wieder hielt er hinter den beiden Kollegen an und schaufelte Kehrichthaufen in den Behälter. Eine Katze lief über die Straße, Hufgeklapper war zu hören, am Bordstein hielt eine Kutsche. Es schien die zu sein, die vorhin mit den Amerikanern losgefahren war. Ein junger Mann sprang ab und ging zum Haus.

Gleich darauf öffnete sich die Tür des Frühstücksraums. Herein kam der jüngste der Amerikaner. Er trug einen Anzug aus dünnem Stoff und eine dunkle Schleife im Kragen seines blütenweißen Hemdes. Sein kräftiger Schnurrbart war so dunkel wie sein dichtes Haar, das er nach hinten gekämmt hatte. Er steuerte auf den Nachbartisch zu und schien erleichtert, das Heft noch dort vorzufinden.

„God save the German King“, rief er, als er Mathes erblickte.

„Muss er nicht“, murmelte Mathes.

„Warum?“, fragte der Mann. Und als er nicht gleich verstanden wurde, wiederholte er. „Warum nicht?“

„Ich bin Demokrat.“

„Wie jeder good American“, sagte der Mann mit breitem amerikanischen Akzent und streckte Mathes die Hand entgegen. „Sam Clemens.“

„Sehr angenehm, Mathias Fischer.“ Mathes ergriff die Hand des jungen Mannes und zuckte bei dem festen Händedruck, bevor er Kathi vorstellte.

„Nenne mich Sam.“ Der Amerikaner deutete bei Kathi einen Handkuss an.

„Kathi.“ Sie lächelte verlegen. „Sie sprechen gut deutsch.“

„Muss noch lernen viel.“ Er lächelte charmant. „Job bei deutscher ...“ Er deutete auf eine Zeitung auf dem Nebentisch. „What is Wort für newspaper?“

„Zeitung“, half Mathes. „Als Redakteur?“ Er schrieb mit der Hand in die Luft.

„No, as a typesetter …“, er malte mit dem Zeigefinger einen eckigen Buchstaben.

„Ein A?“, fragte Kathi und ahmte den Buchstaben nach.

Sam nickte.

„Schriftsetzer“, stellte Mathes fest. „Da kenn ich mich aus, mein Vater ist Buchbinder.“

„Well.“ Der junge Mann nickte. „Deutsche Newspaper in Hannibal am Missisippi, grand river.“

„Und nun sind Sie zur Weltausstellung nach Paris gekommen?“, fragte Mathes.

Der Amerikaner machte ein nachdenkliches Gesicht.

„Exposition!“, ergänzte Mathes.

„No, a trip around the world, eine große …“, er machte eine umfassende Handbewegung.

„Eine große Reise?“, versuchte es Kathi.

„Yes.“ Sam nickte. „France, Switzerland, Italy, Greece, Turkey, Egypt and …“ Der Mann lächelte. „And Germany, große Freude.“

„Mit der Bahn?“ Mathes ahmte mit zwei Fäusten die Bewegung der Achse einer Dampflok nach und machte im passenden Rhythmus zischende Geräusche.

„No locomotiv.“ Er schüttelte den Kopf. „Oceanliner, großes Ship … steam Boat.“

„Dampfer?“

Sam nickte. „Und Sie?“

„Wir kommen von der Mosel, river in Germany, aus Trier, a little town. Wir besuchen die Weltausstellung … Exposition.“

„Yesterday.“ Der Amerikaner nickte. „We visited, zwei Stunden.“ Er hob zwei Finger hoch, bevor er seine erloschene Pfeife wieder entzündete. „Not very interesting.“

„Und Sie wohnen nun in einem anderen Hotel?“, fragte

Mathes. Als der Amerikaner ihn fragend anschaute, deutete er mit dem Finger auf ihn. „You in einem anderen Hotel?"

„Ja, Grand Hotel du Louvre."

„Das hört sich gut an." Mathes nickte anerkennend. „Wenn Sie an die ... you visit Mosel, welcome in Trier."

„Danke for die ..."

„Einladung", half Mathes aus.

„Einladung", wiederholte der Amerikaner und zeigte das Büchlein her. Es war mit einem schmalen Lederband umwickelt, in dem ein Bleistift steckte. „Ich schreibe Buch über traveling ... Reise ... to Europe."

„Wird das Buch auch auf Deutsch erscheinen ... in Germany?", fragte Mathes.

Der Amerikaner schüttelte den Kopf. „Probably not." Er steckte das Buch ein und hob die Hand. „Hat gefreut, nice to meet you, Mathes and Kathi."

„Uns ebenfalls, Sam", verabschiedete sich Mathes.

*

Eine Stunde später machten sie sich zum ersten Stadtbummel auf. Die Ausstellung konnte bis morgen warten.

„Nach rechts", gab Kathi die Richtung vor, als sie von der Rue des Petits Hotels auf den großen Boulevard stießen, über den sie gestern mit der Kutsche gekommen waren. Während sie auf ihren Stadtplan schaute, versicherte sich Mathes bei den Straßenschildern, wo sie sich befanden. Dem Boulevard Magenta folgte der Boulevard Straßbourg. Den Namen konnte er sich gut merken. Außerdem hatte sie der Weg bisher immer nur geradeaus geführt. Wenn es in den großen Schaufenstern etwas Interessantes zu sehen gab, studierten sie ausgiebig die Auslagen.

Im ersten Laden, den sie betraten, gab es ausschließlich Gewürze. Nach den Mengen zu urteilen, die über die Theke gereicht wurden, schienen hier vornehmlich Betreiber von Großküchen und Restaurants einzukaufen. Im nächsten Geschäft gab es eine große Auswahl von Tees aus aller Welt. Aus einem Geschäft für Seifen und Parfums wehte der Duft einladend bis auf die Straße. In jedem der drei Läden kauften sie eine Kleinigkeit.

Am Ende des Boulevard Sébastopol gelangten sie zu einer Grünanlage und einem Café mit ein paar Tischen unter freiem Himmel. Dort tranken sie einen Kaffee und probierten ihre erste Brioche mit kandierten Früchten. Bei Mathes durfte es auch noch ein Absinth sein. Dieser beflügelte seine bereits prächtige Stimmung. Auf dem kleinen Markt nebenan mit Obst- und Gemüseständen machte er Anstalten, in eine orangefarbene Frucht zu beißen, die, das wusste Kathi, nicht mit der Schale verzehrt werden durfte.

„Nicht! Mathes, lass das!“ Sie fiel ihm in den Arm.

„Hört sich an, als würdest du mit einem Hund reden“, maulte er und wog die Frucht in der Hand.

„Einem ziemlich dummen obendrein.“ Sie schaute sich beschämt um.

„Keine Bange.“ Mathes grinste. „Sie heißt zwar Apfelsine, wird aber etwas anders verzehrt als ihr deutscher Bruder.“

„... deutsch ist der Apfel auch nicht. Denk an Adam und Eva.“

„Keiner weiß, wo der Garten Eden war.“

„Jedenfalls nicht in Deutschland ...“

„Wie heißt die eigentlich bei den Franzosen?“, fragte er.

„Orange.“

*

Für den Rückweg wählten sie die andere Seite des Boulevards. Dafür hatten sie das Abenteuer auf sich genommen, die belebte Straße zwischen all den Kutschen zu überqueren.

Eins der Bekleidungsgeschäfte schien Kathi besonders zu gefallen. Nach wenigen Minuten war sie mit einer Verkäuferin, die einen ganzen Stapel Kleider trug, in einem Nebenzimmer verschwunden. Aus dem kam sie nun immer wieder in einem anderen, meist hellen Kleid, mal uni, mal mit Muster, heraus. Mathes hatte in einem der bequemen Sessel Platz genommen, in dem es sich die Herren gemütlich machen durften, während ihre Damen neu eingekleidet wurden. Kathi legte Wert auf ihr Äußeres. Er erinnerte sich, wie sehr sie sich über den modischen Mantel gefreut hatte, den ihr Vater von einer seiner Reisen mitgebracht hatte. Oft trug sie Hüte und geschmackvolle Broschen.

„Es passt, ohne dass wir was ändern müssen." Kathi hatte sich für ein geblümtes Kleid in lindgrün entschieden. Damit würde sie zuhause in Trier die Blicke auf sich ziehen.

„Wir sind in der größten Stadt der Welt und haben gleich tolle Sachen gefunden."

„Könnte sein, dass London noch ein bisschen größer ist", meinte Mathes.

„Dann eben die zweitgrößte Stadt der Welt", entgegnete sie. „Dafür aber die schönste Stadt und die Stadt der Kunst, der Kultur, der Mode ..."

„Der guten Lebensart und der Revolution", ergänzte er. „Und der Liebe."

Ein interessantes Geschäft folgte dem nächsten. Sie

begnügten sich mit dem Betrachten der Auslagen in den Schaufenstern.

„Sollen wir heute Abend zu dem Café gehen, das mir der Andreas Tont empfohlen hat?“, schlug Mathes vor. In der rechten Armbeuge trug er das in weiches Papier eingewickelte Kleid. Kathi hatte sich links untergehakt. „Andreas meinte, das würde von Landsleuten betrieben werden.“

„Glaubst du, das Lokal gibt es nach 20 Jahren noch?“ Kathi wusste, dass Andreas Tont während der 48er Revolution für ein paar Monate nach Paris geflüchtet war. Mathes zuckte mit den Schultern.

„Auf dem Marsfeld soll es viele Restaurants geben“, sagte sie. „Auch deutsche ...“

„Ja, da hast du recht. Ist ja schon eine Weile her, dass der Andreas hierher flüchten musste.“

„Außerdem fahren wir doch nicht ins Ausland, um das gleiche wie bei uns zu Hause zu essen.“

„Wäre der Andreas nicht gestorben, hätte er mitkommen können“, fügte Mathes leise hinzu.

Trier, 1849

Andreas Tont

Am frühen Sonntagabend wollten sie zum Tanz ins Wettendorfshäuschen. Ohne jemals darüber geredet zu haben, mieden sie den Weg durch die Hosengasse, wo Pitter nur wenige Meter von ihnen entfernt wohnte und in der Metzgerei seines Vaters arbeitete. Seit der Verlobung von Kathi und Mathes war sein Freund aus Kindheitstagen nicht mehr gut auf ihn zu sprechen. Pitter hatte behauptet, die Ehe zwischen ihm und Kathi sei von den Vätern fest vereinbart gewesen.

Die Dämmerung hatte eingesetzt. Vom Rand des Viehmarktes sahen sie auf das Abendrot über den Hügeln auf der anderen Moselseite. Ferne Trommelklänge und Gesang waren zu hören, wurden schnell lauter. Eine volle Männerstimme dominierte den Chor. In der Jüdemerstraße kam ihnen eine bunt gekleidete, im Rhythmus der Trommeln marschierende Schar entgegen. Angeführt von einem großgewachsenen Mann, der aus voller Brust sang:

Das war ‚ne heiße Märzenzeit
Trotz Regen, Schnee und alledem!
Nun aber, da es Blüten schneit
Nun ist es kalt, trotz alledem!

Der Mann hob die Hand, die ihm Folgenden stoppten ebenfalls, und stellte sich Mathes und Kathi in den Weg. Es war Andreas Tont. Er trug ein rotes, mit hellem Pelzbesatz gesäumtes Gewand.

„Darf ich mich vorstellen?“ Mit einer geschmeidigen Handbewegung lupfte Tont seinen Dreispitz mit langen Fasanenfedern. „Adamus I., seines Zeichens Prinz Karneval“, er machte eine Verbeugung „gibt sich die Ehre, euch, meine lieben Getreuen, zur Stürmung des Trierischen Hofes einzuladen und zur Eröffnung der fünften Jahreszeit.“

Mathes und Kathi verbeugten sich ebenfalls. Der Zug hatte sich bereits wieder in Bewegung gesetzt. Als das Dutzend Leute vorbei war, schlossen sie sich, Arm in Arm mit einer halben Drehung den beiden Trommlern am Ende an. Das Lied war Mathes noch vertraut und er sang die nächste Strophe mit.

Trotz alledem und alledem
Trotz Wien, Berlin und alledem
Ein schnöder scharfer Winterwind
Durchfröstelt uns trotz alledem!

Zwei Strophen später hatten sie den Trierischen Hof erreicht. Hier verkehrte die Haute Volée der Stadt. Ein Besuch war für Mathes bislang nie infrage gekommen. Doch jetzt folgte er mit Kathi am Arm den Karnevalisten durch die Eingangstür und das Foyer in den Festsaal. Der war am Sonntagabend gut besetzt. Vor der Bühne wurde getanzt.

Als der Zug einmarschierte, kam das Orchester aus dem Takt. Die Paare auf der Tanzfläche blieben verdutzt stehen. Die Gespräche an den Tischen verstummten. Tont schritt ungerührt in den Saal und stimmte dabei ein neues Lied an.

Ich bin ein freier Mann
und singe mich wohl in keine Fürstengruft
Das ist was ich mir erringe
der Menschen freie Himmelsluft!

Die Trommler hatten ihren Rhythmus gefunden und die ganze bunte Schar folgte. Dabei führten die in Phantasieuniformen gekleideten Gardisten ungelenke Exerzierübungen aus.

Die erste Überraschung an den Tischen rundum löste sich allmählich. Hier und da wurde gelacht, wenn sich die Exerzierenden allzu dumm anstellten.

Urplötzlich kam der kleine Trupp ins Stocken. Die Trommler und der Chor verstummten. Nur der Gesang von Andreas Tont war noch zu hören.

Er musste auf der Stelle marschieren, weil sich vor ihm eine noch deutlich kräftigere Person aufgebaut hatte und mit titanenhafter Stimme rief: „Was ist Ihr Begehren!"

Der Hausherr, Joseph Recking, Inhaber des angesehensten Hotels der Stadt, Chef der Feuerwehr, Dirigent der Liedertafel, Gründer des Trierischen Gesangvereins und des Instumentalmusikvereins, während der Wirren der Revolution Anführer der Bürgerwehr, und wegen all dem nicht ohne Grund Träger des Beinamens ‚General', gebot höchstpersönlich der Invasion mit erhobenen Händen Halt.

Auch Andreas Tont verstummte angesichts der nicht nur physischen Imposanz. Es war so still im Saal, dass Mathes hören konnte, wie der Karnevalsprinz tief einatmete.

„Adamus I., Prinz Karneval, und Ihre Durchlaucht, Emma I." Tont neigte seinen Kopf zu der Dame, die er am Arm führte, „Wünschen nicht weniger als alle Insignien der

Macht über den Trierischen Hof."

„Meine Majestät, ganz zu Ihren Diensten." Recking zog einen dünnen Stock aus der Brusttasche seiner Jacke. „Bis zum Aschermittwoch geben Sie den Takt an!" Damit reichte er mit weit ausholender Geste den Taktstock an Prinz Karneval. Der nahm ihn, wendete sich um, hielt den Taktstock in die Höhe und als er ihn senkte, begannen seine Getreuen zu singen. Nach kurzer Zeit spielten auch die Musiker aus dem Orchester die Melodie und einige Gäste des Trierischen Hofes sangen mit.

Ich habe keine stolze Feste
von der man Länder übersieht
Ich bin ein Vogel ohne Neste
mein ganzer Reichtum ist mein Lied!

Auf Weisung von ‚General' Recking rückten die Kellner ein paar Tische zusammen, an denen nun Adamus I. und sein Gefolge Platz nahmen und sich auf Kosten des Hauses mit Getränken versorgen ließen. Derweil hatte der Hausherr sich auf die Orchesterbühne begeben und dirigierte mangels Taktstock mit dem ausgestreckten Zeigefinger die Musiker, die einen Walzer anstimmten. Bald füllte sich die Tanzfläche wieder. Selbst der Prinz ließ es sich nicht nehmen, das Tanzbein zu schwingen. Bei seiner Partnerin handelte es sich, wie Mathes von einem Tischnachbarn erfuhr, um Emma Luisa, die Andreas Tont während seines Exils in Paris kennengelernt hatte und die nach der Amnestie mit ihm nach Trier gekommen war.

Mathes ließ es sich gutgehen. Die Getränke am Tisch wurden von Joseph Recking spendiert, ein Kästchen mit Zigarren hatte Andreas Tont auf den Tisch gestellt. Kathi unterhielt sich mit Emma, und Mathes hörte, soweit es die Lautstärke der Musik und der übrige Lärm im Saal zuließen, was um ihn herum geredet wurde. So erfuhr er, dass heute, am 11. November, am Martinstag, auch die Karnevalszeit begann. Einige Tischgenossen hatten sich Adamus I. ebenfalls erst unterwegs angeschlossen.

Mathes bewunderte die riesigen Kronleuchter an der Decke des Saals, die heimelige Atmosphäre an den von Kerzenlicht erleuchteten Tischen, die fein gekleideten Besucher, wie sie sich beim Tanzen auf dem Parkett im Takt der Musik wiegten. Unter ihnen erkannte er ehemalige Schüler des Gymnasiums, die in der Pause bei seinem Vater Hefte und Naschzeug erstanden hatten. Ihre Karrieren waren schon lange gestartet. Er selbst brauchte einen Laden und der musste sich lohnen. Ohne eigenes Auskommen war an eine Heirat mit Kathi nicht zu denken. Mathes hatte nicht bemerkt, dass die übrige Gesellschaft sich zum Gehen anschickte.

„Das Prinzenpaar muss sich auch andernorts zeigen." Adamus I. setzte sich den Dreispitz auf.

„Können wir nicht bleiben", bat Kathi.

„Wir waren heute schon viel im Wald unterwegs", antwortete Mathes dem Prinzen Karneval mit bedauernder Miene.

„Lass' dich die Tage mal in der Neugasse blicken!" Der Prinz zog etwas aus seiner Tasche und heftete es an das Revers von Mathes' Jacke. „Diesen Orden hast du dir verdient und wenn nicht, wirst du es gewiss noch tun."

Als die Karnevalisten abgezogen waren, fanden Kathi und Mathes nicht weit von der Tanzfläche einen freien Tisch. Als gleich darauf ein Ober vor ihnen stand, befürchtete Kathi, der Tisch könnte reserviert sein. Aber er nahm beflissen die Bestellung auf und schien darüber erfreut zu sein, dass Mathes keinen Viez, sondern Wein bestellte. Dieser schielte auf das Revers seiner Jacke und befühlte den Stoff des Ordens, eine bunte Kokarde.

„Blau, weiß, rot“, stellte Kathi fest. „Die Farben der französischen Revolution.“

„Darf man die überhaupt noch tragen?“ Mathes schaute zu dem Tisch nebenan, an dem zwei Offiziere mit ihren Damen saßen.

„Es ist ein Fastnachtsorden.“

Ihr Wein wurde serviert. Die Kapelle hatte ein Stück beendet und nahm den Applaus entgegen. Kathi war gespannt, was als Nächstes angestimmt werden würde. Gleich darauf waren die beiden zur Tanzfläche unterwegs. Die ersten Töne einer Polka erklangen. Für Mathes gab es nun kein Zurück mehr. Das Hüpfen im Zweivierteltakt raubte ihm schnell die Luft und von dem vielen Drehen begann der Wein in seinem Schädel hin und her zu schwappen.

„Was für ein schöner Abend!“ Kathi schien seine Anstrengung bemerkt zu haben und legte einen Pendelschritt ein.

„Finde ich auch“, antwortete er kurzatmig und war erleichtert, als die Kapelle zu einem langsamen Walzer wechselte.

Sie gehörten zu den letzten Gästen. Als sie aus dem Foyer auf die Straße traten, überfiel beide in der frischen Luft die Müdigkeit und sie waren froh, nur wenige Meter bis nach Hause zu haben. Die Euphorie hielt allerdings bei Mathes an, auch als er Kathi zum Breitenstein gebracht hatte und den Heimweg durch die Hosengasse einschlug.

*

Ein scharfer Wind wehte ihm in der stockdunklen Straße entgegen, darin ein Gemisch aus dem Rauch erlöschender Öfen, dem Mief der Schlafzimmer und dem Gestank der Kloaken und Abfallhaufen aus den Hinterhöfen. Mathes knöpfte seinen Mantel zu. Am unteren Ende blieben zwei Knöpfe übrig. Weiter oben befand sich etwas, das beim Betasten leicht knisterte. Selbst die Kontur seiner Hand war kaum zu erkennen.

Auf den Dächern klapperten lose Dachschiefer im Wind. In dem schmalen Spalt zwischen den Häusern war die Wolkendecke nur zu erahnen.

Die kleine Laterne hatte er Kathi an ihrer Haustür überlassen. Ein Fehler, ebenso, wie durch diese finstere Gasse zu gehen, statt nebenan den Weg an der Jesuitenkirche entlang zu wählen.

Den linken Arm ausgestreckt, tastete er sich an den Hausfronten entlang, hob die Füße noch höher und strengte, die Augen weit aufgerissen, den Mund leicht offen und die Ohren gespitzt, alle Sinne an.

Für einen Moment ließ der Wind nach und das tippelnde Geräusch einer über die Straße huschende Ratte gesellte sich zu seinen Schritten. Oder war es eine streunende Katze, die schon wieder im nächsten Kellerloch verschwunden war?

Als er den Geruch gewahrte, der irgendwie nicht zu der späten Uhrzeit passte, war es bereits zu spät. Vor ihm wurde eine Tür aufgestoßen und hinaus stapfte inmitten einer Wolke aus scharfem Räucherdampf ein Mann mit schwerem Tritt. Nach der von hinten beleuchteten Gestalt war es unverkennbar Pitter, sein Freund aus Kindertagen.

Als Mathes zum Gymnasium ging, war es mit der Freundschaft aus gewesen, und seit er mit Kathi zusammen war, war Pitters Haltung in offene Feindschaft umgeschlagen.

„Wer torkelt denn da so spät durch die Gass?", rief Pitter dem Mann entgegen, mit dem er um ein Haar zusammengestoßen wäre. Als er Mathes erkannte, stockte er.

Flucht war zwecklos. „Nur ein Fastnachtsgeck, der die fünfte Jahreszeit eingeläutet hat. Pünktlich am elften elften. Hast du auch gefeiert?", gab Mathes im leichten Plauderton zurück. Zu seinem Schrecken war eine zweite Gestalt aus der Tür gekommen. Deutlich kleiner und dünner als Pitter. Es war der Schneider Schersach, Pitters Saufkumpan und Krawallkollege.

„Wat schwätzt du da eijentlich fürn Zeug?" Pitter baute sich vor Mathes auf. „Mir hann noch kein Weihnachten."

„Spinnen und dummes Zeug schwätzen, dat kann nur de Fischers Mathes sein." Schersach zog im Näherkommen etwas aus seiner Jacke. Mathes ahnte, um was es sich handelte. Da sauste schon das Messer an seinem Mantel nach oben. Stoff riss, Knöpfe wurden abgetrennt und kullerten über die Straße. Mathes schrie auf, wich zur Seite. Er spürte, wie eine Hand an seinem Ärmel abglitt, und rannte los. Er hörte Schritte hinter sich.

Verrückt, was ihm alles durch den Kopf ging, während er um sein Leben rannte. Pitter würde in seinen Stiefeln nicht gut vorankommen, aber der spindeldürre Schersach schon. Mathes' Augen waren inzwischen besser an die Dunkelheit gewöhnt als die seiner Verfolger.

An der Einmündung zur Brotgasse wurde er instinktiv langsamer. Dennoch geriet er ins Straucheln, als er in eine Vertiefung trat, wo das Pflaster seit dem Barrikadenbau im letzten Jahr immer noch fehlte. Er taumelte und stolperte ein paar Schritte, fing sich wieder, um die Hürde am Ende der Kuhle zu nehmen, wo es wieder hoch auf das Pflaster ging. Hinter sich hörte er seinen nahen Verfolger stürzen.

„Lass en laafen", rief Pitter mit stockendem Atem. „Den kriejen mir en anner Tour."

Das Trappeln verstummte. Schersachs widerliches Meckerlachen ertönte.

Mathes fragte sich, ob der Vorsprung gereicht hätte, um die Haustür aufzuschließen, wenn Schersach nicht gestürzt wäre. Im dunklen Hausflur ließ er seinen Mantel auf die Fliesen fallen, entledigte sich mühsam seiner Schuhe und quälte sich die Treppen hinauf. Er war fest entschlossen, seine Flinte aus dem Versteck auf dem Speicher zu holen. Als die Bürgerwehr entwaffnet wurde, hatte man sich mit Mathes' Behauptung zufrieden gegeben, seine Büchse sei im Kaskeller explodiert. Der alte Vorderlader taugte nur für einen Schuss und der musste sitzen, um dem Messerstecher Schersach das Handwerk zu legen.

Vorher musste Mathes sich noch kurz ausruhen. In seinem Zimmer ließ er sich, voll angekleidet, rückwärts aufs Bett fallen und wurde augenblicklich vom Schlaf übermannt.

Paris, 1867

Exposition

Heute hatten sie endlich einmal zwei Plätze in einem der Busse ergattert, die unentwegt und leider immer, wenn Mathes und Kathi damit fahren wollten, vollbesetzt waren. Einmal nahmen sie mit einem umgebauten Möbelkarren, ein andermal mit einem Milchgefährt vorlieb, auf dem sie auf wackeligen Stühlen sitzen mussten, zwischen denen noch die Umrisse der Milchkannen zu erkennen waren, die dort am frühen Morgen gestanden hatten.

Dieser Wagen war deutlich größer als der, mit dem sie vom Bahnhof zum Hotel gefahren waren. Zwei weitere Paare hatten bereits Platz genommen. Nachdem der Cocher seine Francs kassiert hatte, steckte er ein kleines Täfelchen mit der inzwischen so vertrauten Aufschrift „complet“ an das Schild mit dem Fahrtziel „Porte St. Martin – Exposition“, das hinter seinem hohen Schemel angebracht war.

Alle wurden mächtig durchgeschüttelt, als sich nach einem Peitschenknall die beiden kräftigen Schimmel in die Riemen legten. Mathes nahm Kathis Hand.

Hufgeklapper und Gewieher bildeten die Begleitmusik zu den vielen Kutschen auf dem Boulevard. Große und kleine waren dort unterwegs, manche mit Lasten, andere mit Passagieren. Ihr Kutscher überholte langsamere Gefährte, scherte manchmal ganz knapp davor ein. Immer schneller ging es voran. Nur wenige Fußgänger waren zu sehen.

Die kleinste Unachtsamkeit konnte zu einem Zusammenprall führen. In dessen Folge wären weitere Kollisionen unvermeidbar, und es käme in Windeseile zu einer Auftürmung von zerborstenen Gefährten, toten und schwer verletzten Menschen und Zugtieren. Mathes' trübe Gedanken wurden von zwei waghalsigen jungen Männern unterbrochen, die sich zu Fuß in dieses Chaos begaben. Wie Artisten in einer Herde wilder Büffel schlängelten sie sich zwischen den Wagen auf die andere Straßenseite, wo sie ihre in weißen Stoff gehüllten Bündel auf eine Ladefläche warfen, ein paar Schritte Anlauf nahmen und mit Schwung aufsprangen. Unbemerkt vom Lenker des Wagens ging es nun bequem und ohne Kosten für sie voran.

Neben ihm rückte Kathi ihren Hut gerade und lachte. „An diesen Trubel müssen wir uns noch ein wenig gewöhnen."

Unmittelbar vor ihnen wurde an einem schmalen Karren die hintere Plane zur Seite geschoben und ein Junge mit einer brauner Kappe schaute sie interessiert an.

„Wahrscheinlich auch ein blinder Passagier?" Mathes deutete nach vorn.

„Was?" Kathi hatte ihn nicht verstanden.

„Ein blinder Passagier", wiederholte er. „Blinde Passagiere sind ..."

„Kenn ich ...", fiel sie ihm ins Wort. Ihr Nervenkostüm schien ebenfalls strapaziert zu sein.

An der nächsten Kreuzung querte ein mit dunklen Planen verhängter Wagen die Fahrbahn. Der Cocher musste die Zügel straffen. Nun verrutschte auch Mathes' Hut.

Weitere Fußgänger überquerten die Straße. Herren, aber auch Damen in langen Röcken bewegten sich schnell, andere bedächtig.

„Ganz schön aufregend, so eine flotte Fahrt!", rief Kathi. Die ganze Zeit spürte er den Druck ihrer Hand. Die anderen Passagiere schienen gelassen zu bleiben.

*

Im orientalischen Pavillon lächelte Kathi, wenn Mathes beim Trinken aus der feinen Mokkatasse den kleinen Finger abspreizte. Die englischen Kekse schienen ihm ebenso gut zu schmecken wie ihr. Kathi tippte sich diskret mit dem Zeigefinger an die Oberlippe, um ihren Mann auf einen Krümel in seinem Schnurrbart hinzuweisen. Sie saßen auf einem weichen Diwan mit dicken Kissen im Rücken, neben ihnen grüne Bogenfenster, deren Glas mit blauen Sternchen verziert war. Kathi hatte die weitere Tasse Mokka eigentlich nur deshalb bestellt, weil es sie faszinierte, wie der junge Mann im Turban, lässig eine Pfeife im Mundwinkel balancierend, die zischende Feuerschale mit glimmender Kohle auf ihren Tisch stellte. Vor dem ersten Schluck pustete sie in die dampfende dunkle Flüssigkeit.

„Das ist eine Tschibuk."

Sie nickte. Es war nicht das erste Mal, dass Mathes ihr während der letzten Tage gesagt hatte, wie die türkische Pfeife hieß. Vorhin in der Kutsche war es ihr zuviel geworden, sich nochmals anhören zu müssen, was ein blinder Passagier war. Aber hier in dem gemütlichen kleinen Pavillon hätte er ihr dreimal hintereinander dasselbe erzählen können. Die fremden Melodien der vier braunen Musiker, die auf einer kleinen Bühne mit gekreuzten Beinen hockten und auf afrikanisch anmutenden Instrumenten spielten, versetzte sie in eine wohlige Trance.

Auf dem Weg zur Toilette beobachtete Mathes, wie die Menschen auf Schritt und Tritt zur Kasse gebeten wurden. Er war gewiss kein Knauser, sonst hätte ihm das, was hier veranstaltet wurde, die Freude an der ganzen

Reise vermiest. Dachte er anfangs, mit den Francs am Eingang wäre der Besuch bezahlt, so musste er sich bald eines Besseren belehren lassen. Natürlich war für Essen und Trinken ein gesonderter Obolus fällig. Aber bei jeder noch so kleinen oder größeren Sensation wurde ein separater Eintritt erhoben. Erklang irgendwo Musik und sie wollten erleben, wer da aufspielte, schon wurde ihnen die Hand entgegengestreckt und es mussten zwei halbe Francs berappt werden. Einen mexikanischen Tempel oder die türkische Moschee konnten sie sich natürlich nicht entgehen lassen.

Selbst für die notdürftigsten Verrichtungen wurden die Centimes verlangt, auch das hatte Mathes schon gelernt, als er endlich eine Toilette fand. Während er leicht ungeduldig in der Schlange davor wartete, schnappte er eine interessante Episode auf. Einer der Aussteller, ein Glockengießer aus Budapest, war wohl auf der Suche nach der Exposition zwei Tage durch Paris geirrt. Der arme Mann sprach kein Französisch, kein Englisch und kein Deutsch. Niemand, den er fragte, verstand, wo er hinwollte. Und als er dann nach langem Herumirren am nächsten Abend endlich auf dem Marsfeld ankam, war der Palast schon geschlossen.

„Schlimm", sagte Kathi, als er ihr anschließend die Geschichte erzählte. Mathes seufzte mitfühlend, weil es ihm ähnlich hätte ergehen können. Mit zunehmendem Alter hatte er ein wenig seiner Orientierung eingebüßt. Schließlich hatte er die 45 Jahre bereits überschritten.

Auf Kathi wirkten die Leute ringsum, als würden sie allesamt keiner Erwerbstätigkeit nachgehen. Als sie den Gedanken aussprach, meinte Mathes, er könne sich vorstellen, dass sie beide ebenfalls wie Privatiers aussahen. Er nahm ihre Hand und betrachtete sie: „Deinen Händen sieht man die viele Arbeit auch nicht an."

„Auf die passe ich auch gut auf", sagte sie, während Mathes weiterhin ihre Hand hielt. Das gefiel ihr. Die Reise schien ihre Beziehung aufzufrischen.

Als hätte er ihre Gedanken geahnt, sagte er: „Immer nur schaffen! So wie der Vater will ich das nicht machen, sich placken bis ans Lebensende. Da kann ich mir Schöneres vorstellen."

„So wie das hier?"

„So wie Gott in Frankreich?", erwiderte er mit einem verschmitzten Lächeln.

Sie nickte, setzte die Mokkatasse zum Trinken an und merkte, dass sie schon wieder leer war.

„Es könnten ruhig ein paar Leut' weniger sein." Mathes deutete mit dem Kopf zu der Industriehalle, durch die sich die Massen schoben.

„Aber die sind doch immer da, wo es besonders schön ist."

„Nur die Franzosen nicht, die scheinen Paris allesamt verlassen zu haben." Mathes konnte sich nicht erinnern, heute nur ein einziges französisches Wort gehört zu haben. „Hier scheinen nur Engländer, Holländer, Österreicher und ..." Er hielt eine Hand hinters Ohr, als würde er genauer hinhören. „Spanier, Italiener, Sachsen, Schwaben, Bayern ..."

„Und was ist mit den beiden?" Kathi wies mit einem Blick zum Nachbartisch, wo zwei Herren den ‚Figaro' lasen.

„Das ist nur zur Tarnung." Mathes ließ sich nichts vormachen.

Während Mathes sich in ein Flugblatt vertiefte, auf dem die Funktionsweise eines sogenannten Fahrstuhls erklärt wurde, schloss Kathi die Augen. Sie lauschte den Unterhaltungen in Sprachen aus der ganzen Welt, Gelächter, Musik, die zuweilen zu einer Kakophonie anwuchs, wenn Kapellen in der Nähe auf einmal lauter spielten und sich die Melodien der Orchester mischten, der fernen Sirene eines Dampfers, Geklapper von Tellern und Gläsern, Ausrufen von Leuten, die sich begrüßten, sich zuprosteten oder lachten oder dem Gezwitscher der Vögeln lauschten, die sich vielleicht fragten, wann ihnen das Marsfeld endlich wieder alleine gehörte.

Trier, 1849

Lohn

Gleich nach dem Mittagessen machte es sich ihr Vater wie immer mit der Zeitung nebenan auf der Couch in der Stube gemütlich. Dabei gönnte er seinen Augen hin und wieder eine Erholungspause, wie er die kleinen Schlafphasen zwischendrin bezeichnete. Nachdem sie den Tisch abgeräumt hatte, ging auch Kathi ins Wohnzimmer und nahm ihm gegenüber in dem Sessel Platz, wo ihre Handarbeit lag.

„Schon fertig?“, fragte der Vater verwundert.

„Papa, ich wollte was mit dir bereden.“ Sie räumte einen halb gestrickten Schal von der Armlehne.

„Hat das nicht Zeit bis nachher im Laden?“

„Nein, das soll ungestört sein.“

„Gut.“ Er faltete die Zeitung in der Mitte zusammen und sah sie über seine bis zur Nasenspitze heruntergerutschte Lesebrille an.

„Papa, es geht um ein monatliches Gehalt.“

„Für dich?“

„Für wen denn sonst? Arbeitet noch jemand im Laden?“

„Die Caroline hilft manchmal.“ Er griff nach der Zigarre im Aschenbecher auf der Fensterbank.

„Um die geht es nicht, es geht um mich, deine Tochter.“ Sie tippte sich mit dem Zeigefinger aufs Brustbein.

„Und wie stellst du dir das vor?“

„Ganz einfach, du zahlst mir ab dem nächsten Monat einen Lohn.“

„Als einzige Tochter erbst du später doch sowieso alles.“

Kathi war nicht unvorbereitet. Sie hatte sich schon länger Gedanken darüber gemacht, wie der Vater auf ihr Ansinnen reagieren würde.

„Und was ist, wenn du eine andere Frau kennenlernst?"

Er lachte auf. „Da kannst du beruhigt sein, so eine wie deine Mutter werde ich nicht mehr finden."

„Vielleicht begnügst du dich irgendwann mit einer anderen. Vielleicht dann, wenn ich heirate."

„Du kamst gestern Abend sehr spät nach Hause."

„Ich bin alt genug", sagte sie in energischem Ton. „Lenk jetzt nicht ab."

„Der Mathes soll erst einmal zeigen, dass er eine Familie ernähren kann."

„Auch darum geht es gerade nicht", beharrte sie. „Es geht um meinen Lohn."

„Aber du kriegst doch sowieso immer alles, was du brauchst."

„Auch wenn du nicht mehr heiraten wirst", sagte sie unbeeindruckt, „kann es sein, was Gott verhindern möge, dass du mal schwer krank wirst und vielleicht eine lange Pflege brauchst." Sie sah, wie er zusammenzuckte und nun auch den Rest der Zeitung sinken ließ.

Behutsamer fuhr sie fort. „Damit es dir gut geht, werden wir keine Kosten und Mühen für die Behandlung, die Pflege und die Kuren scheuen. Das kannst du mir glauben. Da soll Geld keine Rolle spielen."

„Und am Schluss könnte alles Geld verbraucht sein?" Ihr Vater schien zwischen Besorgnis, Ärger und Lachen zu schwanken. Er entschied sich für Letzteres und schlug sich auf die Oberschenkel. „Falls du mal eine andere Arbeit brauchst, solltest du in die Diplomatie gehen, du hast Verhandlungsgeschick, alle Achtung, das muss ich dir lassen!“ Er nahm sich die Zigarre und zog daran. Sie war ausgegangen.

„Das habe ich alles von dir. Das kann ich im Laden gut gebrauchen, besonders, wenn du auf Reisen bist.“

„Worauf willst du hinaus?“ Seine Miene war auf einen Schlag wieder ernst geworden. Er legte die Zeitung neben sich und richtete sich auf.

Sie waren beim heikelsten Teil des Gesprächs angelangt. Das war Kathi von vornherein klar gewesen. Ihr Vater unternahm viele Geschäftsreisen, bei denen er Waren für den Laden einkaufte. Nicht immer hielt sie diese Reisen wirklich für notwendig. In den letzten Jahren kamen mehr und mehr Handelsvertreter zu ihnen nach Trier. Bei denen konnten sie die Waren fast zu denselben Konditionen bestellen wie in den fernen Handelshäusern, die ihr Vater aufsuchte.

Kathi gönnte ihm die Reisen. Auch wenn die Kosten für die Besuche der Stammhäuser in Maastricht, Frankfurt, Leipzig und Hamburg die Provision der Handelsvertreter, die er vorgab einsparen zu wollen, beträchtlich überstiegen.

„Wenn du mir ein Gehalt zahlst, kannst du dir auf den Geschäftsreisen zukünftig auch mal etwas Persönliches gönnen, ohne dir Gedanken darüber machen zu müssen, ob deine Tochter später noch genug erben wird.“

Ihr Vater lehnte sich zurück und nahm wieder eine bequemere Sitzposition ein.

Diese Klippe hatte sie umschifft.

„Immerhin hast du Kost und Logis frei!“ Die ablehnende Bestimmtheit schien ein wenig aus seiner Stimme gewichen.

„Und wer bereitet das Essen zu? Wer wäscht und bügelt? Wer räumt die Wohnung und den Laden auf, wer hält alles sauber? Und wer kümmert sich obendrein um den Garten?“

„Mein Liebes, gut, dass du mir das gesagt hast." Ihr Vater klang versöhnlich. „Ich denke darüber nach." Er zündete die Zigarre wieder an.

Als Kathi anschließend den Abwasch besorgte, stellte sie Teller, Töpfe und Geschirr nicht so sachte ab wie sonst. Sollte ihr Vater mal auf den Mittagsschlaf verzichten und sich lieber Gedanken um das Wohl und die Zukunft seiner Tochter machen.

Paris, 1867

Alfredo

Von der Allee, wie er sie für sich nannte, war ab und an noch das Geräusch einer der größeren Kutschen bis in die Rue des Petits Hotels zu hören. Mathes' Augen wanderten über die grünliche Seidentapete mit den feinen Mustern zum Sekretär mit den schmalen Schubladen und der ziselierten Schreiblade, den hellen geblümten Bezug des bequemen Ohrensessels, die Kommode mit dem goldenen Spiegel. Diese Pracht erstaunte ihn nach der Nacht in der kargen Dachkammer noch immer. In diesem edlen Zimmer logierten sie schon seit ein paar Tagen.

Von all dem, was er erst heute wieder erlebt hatte, schwirrten seine Gedanken. Erinnerungen tauchten episodenhaft auf. Nachdem der Ausstellungspalast am Abend geschlossen hatte, waren sie im Park geblieben. Es war ein wunderbarer Abend gewesen, vielleicht sogar der schönste, den er bisher hier verbracht hatte.

Während Kathi im Bad war, ließ er den wohlig warmen Abend Revue passieren: Eine leichte Brise wehte über das Marsfeld, spielte mit den Fähnchen an den Pavillons, den feinen Kaskaden der Brunnen, raschelte in den Blättern und wogte durch die Rabatte. Nach Sonnenuntergang sorgten die vielen bunten Laternen für eine zauberhafte Atmosphäre, die die Besucher aus aller Welt zum Bleiben bewegte. Ebenso wie die emsigen Garçons und Kaltmamsells auf den Terrassen, in den Pavillons, Buden und Restaurants, die Artisten der Zirkustruppen, die Musiker der Kapellen, die Blumenverkäuferinnen, die Magier und Tarotkartenleserinnen, die Aufseher und Polizisten, die Flaneure und Neugierigen, die Taschendiebe und Spione. Wer auch immer noch da war, wollte sobald nicht nach Hause.

Als Kathi ins Bett kam, nahm Mathes den neuen Duft wahr, den sie tagsüber in einer Parfümerie auf der Champs Élysées gekauft hatte. Inzwischen kannten sie sich ganz gut aus in Paris. Die großen Boulevards waren eine gute Orientierung und auch die Seine mit ihren Brücken. Den Stadtplan brauchten sie kaum noch. Kathi kuschelte sich an ihn. „Es ist immer noch wie in einem schönen Traum."

„Mhm." Er legte einen Arm um sie.

„Mir schwirrt noch der Kopf von all den Eindrücken."

„Mhm", brummte er wieder. Es schien ihm, als schaukele er wohlig auf den dicken Matratzen.

„Was meinst du?", flüsterte er und drückte Kathi an sich. „Sollen wir es nochmal versuchen."

„Was?", seufzte sie und umfasste seinen Arm mit beiden Händen.

„Ich meine, wir könnten doch ..."

Sie schob das kuschelige Plumeaux bis zur Taille hinab.

„Ich würde mich schon noch freuen, wenn wir ...", fuhr er fort.

„Was?", fragte sie.

„Es nochmal versuchen würden."

„Was versuchen?"

„Mit den Kindern."

„Du weißt, wie alt wir ... wie alt ich bin?"

„Man ist nie zu ..."

„In meinem Alter wird man eher Großmutter als ..."

„Wäre trotzdem schön – in der Stadt der Liebe."

Kathi drehte sich zu ihm um und lächelte. „Mach' bitte das Licht aus."

*

Anfangs hatte Mathes noch bei fast jeder Person, die ihnen in den Pariser Straßen begegnet war, den Hut gelüftet, verbunden mit einem „Bonjour" oder „Bonsoir", je nach Tageszeit. Inzwischen beschränkte er seinen Gruß auf Menschen, die er für Landsleute hielt. Wenn der Gruß erwidert wurde, hörten sie neben dem Bonjour oder Bonsoir ein Grüßgott, Grüezi, Servus oder Tach.

Diesmal erklang das vertraute Moien, entgegnet von einem elegant gekleideten Herrn mittleren Alters, der eine Dame am Arm führte.

„Oh, ein Nachbar aus Luxemburg", hörte Kathi den überraschten Mathes mehr zu sich selbst sagen. „Hat den Franzosen wohl schon verziehen."

Er löste sanft ihre Hand aus seiner Armbeuge, drehte sich um und rief dem Paar hinterher: „Mir welle bleiwe wat mir sinn."

Kathi hatte sich ebenfalls umgedreht und sah, wie der Herr seinen Hut schwenkte, ohne sich umzuwenden.

„Das ist der neue Wahlspruch der Luxemburger, seitdem die Franzosen das Ländchen kaufen wollten. Ein Glück, dass ihnen das erspart geblieben ist", erklärte Mathes. Sie nickte schmunzelnd, als habe sie es nicht schon zum x-ten Mal gehört.

„Sind wir überhaupt richtig?", fragte Mathes, schaute sich um und richtete die Handflächen nach oben, als erwarte er eine Weisung des Himmels.

„Ich denke schon."

„Willst du nicht nochmal gucken?"

Der Stadtplan lag meist zusammengefaltet in ihrer Tasche. Sie ließ Mathes in dem Glauben, sie habe ihn nicht dabei. Daran erkannte man die Touristen schon von weitem und lockte womöglich die Taschendiebe an. Auch diese sollten in Scharen zur Weltausstellung angereist sein und teils sehr einfallsreich vorgehen, manchmal mit Anrempeln oder man spürte gar nicht, wenn einem in die Tasche gegriffen wurde.

„Komisch, in Trier weiß ich immer, wo ich bin und wo ich hin will", brummelte Mathes.

„Das ist ja auch deine Heimat und nicht ganz so groß wie Paris."

„Ja, aber wenn ich mal da in einem Ecken bin, wo ich noch nie vorher war, da hab' ich kein Problem."

„Als gäbe es eine Stelle in Trier, wo du noch nicht warst."

„Wenn ich es dir sage, die gibt es!"

„Dann kannst du immer noch hoch zur Mariensäule gucken. Dann kennst du die Himmelsrichtung."

„Aber die haben wir doch erst seit letztem Jahr", wandte er ein.

„Den Markusberg gibt es schon ein bisschen länger."

Was sauste denn da gerade über die Avenue? Andere Passanten waren ebenfalls stehen geblieben und beobachteten einen Mann mit wehenden Frackschößen, der schneller als die Kutschen über die Straße fuhr. Dazu benutzte er ein kleines Drahtgestell auf großen Rädern mit dünnen Speichen. Es bewegte sich selbständig. Wie genau, konnte sich Mathes nicht erklären.

„Une Michaulette", stellte ein Herr in der Nähe fest. Aus den weiteren Ausführungen, die er einem ihn begleitenden

Jungen machte, hörte Mathes nur Worte wie exzeptionell, Exposition und Michaux heraus.

Kathi staunte ebenfalls mit offenem Mund. „Das Gerät soll auf der Weltausstellung vorgestellt worden sein. Das könnte gerade einer aus der Familie Michaux gewesen sein", übersetzte sie, was sie verstanden hatte.

„Das ist die Zukunft! Ohne Zugtier bei Tag und Nacht!" Mathes war begeistert, obwohl er bezweifelte, ob er sich selbst auf dieses nur mit Muskelkraft betriebene Fahrzeug setzen würde. Es schien vom Fahrer eine Menge Geschick zu verlangen.

„Aber in der Nacht siehst du doch nichts."

„Bis es endlich genug Gaslaternen gibt, hängst du dir einfach eine Petroleumlampe dran."

„Und was ist mit Gepäck?", fragte Kathi.

„Nichts ist perfekt." In dieser Straße lag der glatte Makadam, auf dem holprigen Pflaster wäre das Gefährt wahrscheinlich schwerer zu steuern.

*

Der vertraute Duft von Rauch und Tabak war Mathes schon vor dem Laden in die Nase gestiegen. Drinnen kamen in dem großen Raum die visuellen Sinneseindrücke hinzu, das beeindruckende Sortiment an Pfeifen in vielen Materialien und Längen und das an Zigarren, die offen und in Schachteln präsentiert wurden. Wenn es eine Traumvorstellung von einem Geschäft für Rauchwaren gab, dann kam dieses ihr aus Mathes' Sicht sehr nahe. Hatte er bei seinem Geschäft in Trier schon Wert auf eine große Auswahl an erlesenen Produkten gelegt und eine gute Präsentation der Ware, so konnte er hier sehen, was tatsächlich möglich war. Vor drei Jahren hatte er sein Geschäft geschlossen, nachdem Kathis Vater gestorben und er dessen Stelle im Kolonialwarenladen übernommen hatte.

„Majusebetter!?“ Er stieß den Atem aus. „Träume ich?“

„Das ist eben Paris und nicht Trier.“ Kathi ahnte, was im Kopf ihres Mannes vorging. „Hierhin kommen Waren aus allen Ländern und für die Kundschaft der größten Stadt der Welt.“

„Der zweitgrößten.“

„Die reicht auch, um so etwas aufzubieten.“

„Du hast recht.“ Mathes drückte ihren Arm. „Ein wunderschönes Geschäft, ein Traum.“

„Schau dir in Ruhe alles an“, hörte er Kathi sagen. „Du findest mich nebenan in dem Geschäft mit den Hüten.“

Erst hatte er das für einen Scherz gehalten, nun schaute er ihr verwundert nach, wie sie zielstrebig durch die Ladentür verschwand.

Ein gut gekleideter Herr hinter der Verkaufstheke begrüßte ihn mit einem Schwall von Worten, die Mathes als höfliche Begrüßung einschätzte.

„Merci, Monsieur, je veux regardez ... juste“, antwortete Mathes stockend, „votre magasin est très ... bien ...“

„Sie kommen von der Mosel?“, fragte der Mann mit unüberhörbarem rheinischen Akzent. Mathes fiel der akkurat gepflegte schmale Oberlippenbart auf. Er nickte. „Aus Trier, das liegt ...“

„Die Porta Nigra haben wir gesehen, als ich mit meinem Bruder auf unserer Reise durch Ihre schöne Stadt gekommen bin, damals, 1848.“

Mathes schmunzelte. „Und dann haben Sie sich in Paris niedergelassen?“

„Nicht ganz. Anfang der 50er-Jahre bin ich mit meinem Bruder nach Kuba ausgewandert. Wir haben dort in einer Zigarrenfertigung gearbeitet. Bei Romeo y Julieta in Havanna. Sind dann später auch mal durchs Land gefahren und haben Plantagen besucht. Er hat da die Tochter vom Chef geheiratet. Ich bin wieder hierher zurückgekehrt, er ist da geblieben und ist jetzt einer meiner wichtigsten Lieferanten."

Während er erzählte, hatte er eine Holzkiste auf die Theke gestellt und ein paar Zigarren daneben gelegt.

„Das sind sogenannte Culebras."

Mathes nickte: „Von denen habe ich schon gehört." Er hob die gebogene Zigarre hoch und betrachtete sie von allen Seiten. „Aber untergekommen ist mir noch keine. Ich hatte selbst mal einen Tabakladen in Trier."

„Oh, ein Kollege! Sehr erfreut, ich bin der Alfred, seit Kuba Alfredo." Er streckte ihm über die Theke die Hand entgegen.

„Und ich der Mathias, genannt Mathes, ebenfalls sehr erfreut!" Mathes schlug ein. „Mein Laden war viel kleiner und bescheidener als der hier."

„Im Betrieb meines Bruders in Havanna gibt es immer noch eine Vorleserin am Pult vor den Tischen der Arbeiterinnen, die während der Schicht die schönsten Geschichten vorträgt. Sie können es glauben oder nicht, man schmeckt die Geschichten beim Rauchen. Davon bin ich überzeugt."

Alfredo bemerkte, dass Mathes sich besonders für die Pfeifen interessierte. Die Auswahl war überwältigend. Der Ladenbesitzer ließ seinem Besucher viel Zeit beim Erkunden. Eine der Meerschaumpfeifen hatte es Mathes ganz besonders angetan. Mit dem Zeigefinger klappte er den kleinen silbernen Deckel über dem geschnitzten Kopf hoch, der genau das Volumen bot, das ihm behagte.

„Sie stammt aus Indien", erläuterte Alfredo.

„Das Nashorn ist sehr gelungen", meinte Mathes schmunzelnd. Er legte sie in die Kiste zurück.

„Dachte ich mir gleich, dass du dich auch in der exotischen Tierwelt auskennst!" Alfredo fuhr sanft über die Konturen des Rüssels und der beiden Stoßzähne am Pfeifenkopf.

Im Beisein von Kathi hätte Alfredo vielleicht nicht so frei geplaudert, wie er es vorhin getan hatte. Unter Männern ging es einfach zwangloser zu. Diesen Gedanken hatte Mathes, als er aus dem Tabakladen kam und zu dem Hutgeschäft gehen wollte. Doch im Haus nebenan gab es gar keinen Laden. Auf der anderen Seite von Alfredos Tabakladen wurden Blumen verkauft. Es folgten Häuser mit Handwerkern und Wohnungen. Mathes war für einen Augenblick verwirrt. Den Stadtplan hatte Kathi. Aber darauf war das Hutgeschäft wohl ohnehin nicht vermerkt.
Hatte er sich während der bisherigen Tage in Paris bei der Orientierung immer nur auf Kathi verlassen? In groben Zügen war ihm das Zentrum der Stadt, in dem sie sich bewegt hatten, vertraut. Zum Hotel würde er zurückfinden. Aber ein seltsames Gefühl war es schon, zum ersten Mal ohne Begleitung allein auf einer Pariser Straße zu stehen. Wie dem Glockengießer aus Budapest würde es ihm nicht ergehen. Als er zurücksah, stand Kathi winkend auf dem Trottoir vor dem Tabakladen.

„Hast du was gefunden?" Die Frage stellten beide im Chor und mussten lachen.

„Du zuerst", sagte Mathes.

Kathi nickte verhalten, lächelte und wich etwas verlegen – oder tat sie nur so? – Mathes' Blick aus.

„Also einen richtig schönen Hut?“

Sie nickte. „Kann man so sagen und du?“

„Bei mir ist der Gegenstand wahrscheinlich etwas kleiner als bei dir, aber möglicherweise trotzdem nicht weniger teuer.“

„Lass mich raten ... ein Zigarrenschneider ... ein Pfeifenstopfer ... ein Tabakbeutel ... oder.“ Sie stupste ihn mit der Faust gegen den Oberarm und lächelte. „Eine Meerschaumpfeife?“ Das Wort sprach sie gedehnt aus.

Er nickte. „Eine sehr schöne, aber gekauft habe ich sie erstmal nicht. Mal sehen, ob wir am Ende noch Geld übrig haben.“

„Genau das habe ich auch gedacht und den Hut rüberlegen lassen.“

„Willst du ihn mir mal zeigen?“

„Das mache ich, falls ich ihn in ein paar Tagen immer noch haben will ... und wir deine Pfeife kaufen.“

Trier, 1849

Linsenwöllm

Pulver, Zunder und Kugeln musste er sich besorgen, das war der erste Gedanke, der Mathes nach dem Aufwachen durch den Kopf ging. Das würde kein größeres Problem sein. Notfalls konnte er noch was im Verschlag im Amphitheater finden, wo sich die Primanerkompagnie vor der Revolution zu Schießübungen getroffen und die Waffen gelagert hatte. Als Mitglied der Bürgerwehr durfte er damals sein Gewehr mit nach Hause nehmen.

Aus der Küche nahm er sich einen Becher Tee und ging nach unten in den Laden des Vaters. Hier gab es am Montagmorgen nur wenig Kundschaft. Mathes hatte viel Zeit, um die Volkszeitung zu lesen.

„Kommst du?", rief der Vater. Nebenan hatte die Schulglocke zur Pause geläutet.

Mathes öffnete das rückwärtige Fenster, das zum Schulhof der Gymnasiasten ging und verkaufte wie jeden Morgen in der großen Pause Hefte, Stifte, Tinte und Krimskrams. Gleich darauf zog er sich den Mantel über und steckte sich im Vorbeigehen am Regal mit den Werkzeugen ein Messer mit langer Klinge in den Gürtel.

„Was hast du damit vor?", fragte sein Vater.

„Das brauche ich nur kurz, bin bald wieder zurück." Mathes nahm den hölzernen Pressbengel von der Papierpresse ab und steckte ihn auf der anderen Seite in seinen Gürtel.

„Mach keinen Quatsch", rief ihm der Vater nach..

Mathes nahm den Weg vom gestrigen Abend. In der

Hosengasse blieb er vor dem Fenster der Schneiderwerkstatt stehen. Der Meister nahm gerade ein Bügeleisen vom Ofen und nickte ihm zu. Auf dem Tisch daneben saßen Schersach und ein weiterer Geselle im Schneidersitz beim Nähen. Warte nur, wenn du mir ohne deinen Spießgesellen Pitter in die Finger fällst, dachte Mathes. Schersach schaute zum Fenster und gleich wieder auf seine Arbeit.

Unterhalb der Metzgerei Blasius lagen kleine blauschimmernde Fetzen zwischen den Fugen des Pflasters. Mathes ging davor in die Hocke und pulte einen blauen, weißen und roten Stoffstreifen aus der Ritze. Die Kokarde, die ihm Andreas Tont am Abend vorher an das Revers der Jacke geheftet hatte. Sie war das Ziel von Schersachs Messerattacke gewesen. Mathes zog die Nadel aus seinem Revers, an der noch ein Stoffschnipsel hing.

Der Wind frischte auf. Mathes machte kehrt, knöpfte im Gehen den Mantel zu und schlug den Kragen hoch. Es war nicht weit bis zur Neugasse. Ein Flügel des hölzernen Tores zur Einfahrt von Tonts Zigarrenfabrik stand offen. Mathes ließ einem Mann den Vortritt, der einen mit zwei großen Holzkisten beladenen Handkarren über das Nusspflaster zog. Das langgezogene einstöckige Backsteingebäude auf der linken Seite wies eine Reihe hoher Fenster auf.

Im hinteren Teil standen mehrere Leute unter einem Vordach, die wohl ihre Wochenproduktion der in Heimarbeit gefertigten Zigarren ablieferten. Mathes blieb hinter ihnen stehen, schnupperte den herben Duft von Tabak und schloss dabei die Augen.

Hinter ihm waren schlurfende schwere Schritte zu hören. Ein langer Kerl in zu großer Jacke und schlotternden Hosen war bereits so dicht herangekommen, dass Mathes ihm nur bis zu den Schultern sehen konnte. Aber das gestickte L auf seinem Schulterriemen war eindeutig. Und bevor sich Linsenwöllm versah, wurde er herzlich umarmt.

Der noch von der Krankheit gezeichnete Mann hatte mit Müh und Not die Pest überstanden, bei der im vergangenen Sommer über 800 Bewohner von Trier ihr Leben gelassen hatten. Linsenwöllm wand sich aus Mathes' Griff. Dabei schlug die Schnalle seines Tragegurts gegen den Pressbengel in Mathes' Gürtel.

„Wat is denn dat?" Der Dienstmann sparte sich wie immer die Begrüßung.

„Hab' ich wohl noch von der Arbeit eingesteckt", log Mathes.

„Un wat is dat?" Linsenwöllm hatte den Griff des Messers auf der anderen Seite entdeckt.

„Das wohl auch ..."

„Fehlt nur noch de Flint off'm Buckel!" Sein Freund schlug ihm grinsend mit der großen Hand an den Oberarm.

„Willst de Zigarre fabrizieren?", fragte der lange Kerl.

„Ich will welche verkaufen?"

„Aha, beim Vadder im Laden?"

„Näh, ich mache vielleicht selbst einen auf." Mathes sah zu einer Frau, die, einen Handkarren hinter sich herziehend, in die Toreinfahrt bog. „Du kommst doch viel rum, weißt du, wo ein Laden frei ist?", fragte Mathes. „So in der Gegend um den Hauptmarkt."

„Nur den, lo hannen in der Groabenstraß." Linsenwöllm ließ die Frau vorbei und wartete, bis der Karren ein paar Meter weiter zum Stehen kam und das Geratter der eisenberingten Räder auf dem Pflaster verstummte. „Den da gegenüber von dem Rechtsverdreher, von dem ..." Linsenwöllm konnte sich grundsätzlich nur dann an einen Namen erinnern, wenn er der Person leibhaftig begegnete.

„Die Kanzlei von Julian und seinem Vater?“

Sein Gegenüber nickte.

„Und was machst du hier?“

Linsenwöllm schaute zum Kontor und blieb die Antwort schuldig. Auch wenn er sonst für Klatsch, besonders aus klerikalen Kreisen, immer zu haben war, behandelte der Dienstmann, der sich mit Botengängen und sonstigen Aufträgen seinen Lebensunterhalt verdiente, die eigenen Obliegenheiten, egal wie banal sie sein mochten, stets mit größter Diskretion.

„Hast du dat von dem Dings scho gehört?“

„Dem Bürgermeister, dem Bischof, dem Papst oder wem?“, versuchte es Mathes.

„Näh, den .... den so blöd gered hat über den Heilijen Rock.“

„Meinst den Kaplan Johannes Ronge aus Schlesien.“

„Den hann se exkommuniziert.“ Bei diesem Wort betonte der ansonsten sehr undeutlich sprechende Freund jede Silbe. „Der iss abgehauen, nach ...“

„England“, komplettierte Mathes. Vor ein paar Tagen hatte etwas darüber in der Trier‘schen Zeitung gestanden.

„Geschieht em recht!“ Linsenwöllm spuckte auf das Pflaster.

„Das hat aber nichts mit seiner Kritik am Heiligen Rock zu tun“, wollte Mathes den Fall klarstellen. „Der war im Parlament in der Paulskirche und musste deshalb flüchten.“

„Hauptsach en is weg.“ Linsenwöllm hob einen Finger an die Mütze und stakste mit schweren Schritten an Mathes vorbei durch die Tür des Kontors, wobei er den Kopf einziehen musste.

Mathes folgte ihm ins Kontor. Kurz fragte er sich, ob sich Andreas Tont heute Morgen überhaupt noch daran erinnerte, was er gestern Abend mit ihm besprochen hatte.

In dem durch die große Fensterfront einfallenden Lichtstrahl tanzte der Staub. Mathes schirmte mit einer Hand die Augen ab. Fußboden und Möbel in dem Kontor waren aus dunkler Eiche. Vor einem Regal mit Papieren und Büchern standen ein ausladender Schreibtisch und ein Stehpult.

Linsenwöllm wuchtete sich mit sichtbarer Mühe ein dickes, in grobes Leinen eingeschlagenes und verschnürtes Bündel auf die Schulter und verabschiedete sich mit seiner typischen Handbewegung von einer jungen Frau mit heller Schürze über dem Kleid, die ihm freundlich von einem Stehpult aus zuwinkte.

„Guten Morgen, ich bin der Mathias Fischer."

„Und ich bin immer noch die Emma Tont", antwortete sie lächelnd. „Sollen wir uns nun jeden Tag einander vorstellen?"

„Oh!" Mathes schlug sich an die Stirn. „Entschuldigung, du bist die ..."

„Ehefrau", half sie und strich sich dabei reflexartig über den leicht vorgewölbten Bauch.

„Du bist die Prinzessin ... Emma, ich denke mal, so hieß vorher noch keine, also Emma I." Mathes verbeugte sich, so weit es der Pressbengel und das Messer in seinem Gürtel erlaubten. „Ich bin der Mathias Fischer, für dich der Mathes." Er schaute sich um. „Weilt seine Majestät, der Prinz Karneval, auch unter diesem hochherrschaftlichen Dach?"

„Leider nein, er ist unterwegs." Sie lächelte schon wieder. „In dringenden Amtsgeschäften, dürfte aber bald in den Tabakpalast zurückkehren." Mit dem Handrücken stippste sie sich Krümel vom Ärmel und schaute Richtung Tür, zu der Andreas Tont mit wehenden Mantelschößen hereinkam.

„Hier steckst du also! Dein Vater konnte mir nicht sagen,

wo du dich rumtreibst", begrüßte er Mathes. Der Zigarrenhersteller gab seiner Frau im Vorbeigehen einen Kuss und winkte Mathes, ihm zu einem Schreibtisch im hinteren Teil des Büros zu folgen.

Von hier konnte Mathes durch die Glasscheiben einer Trennwand zur Manufaktur sehen, einem länglichen Raum, wo an hintereinander stehenden Tischen mehr als ein Dutzend Frauen saßen, die mit Tabakblättern hantierten.

„Da werden die Wickel produziert." Tont wies hinüber. „Für die richtige Mischung bin ich zuständig."

„Und drumherum kommen die großen Blätter, die ..." Mathes fiel die Bezeichnung nicht ein.

„Deckblätter", half ihm Tont. „Das wird in Heimarbeit erledigt."

Mathes nickte, ließ sich vorsichtig auf einem Stuhl nieder und verbarg dabei so diskret er konnte den Pressbengel. Er bemerkte, wie Andreas Tont verschwörerisch grinste und fragte sich, ob sein Vater womöglich etwas ausgeplaudert hatte.

Aber Tont schien nur Geschäftliches im Sinn zu haben. So wie die Brauerei Caspary einen eigenen Brauereiausschank hatte, stellte sich Andreas vor, sollte Mathes' Laden nur Zigarren, Zigarillos und Pfeifen- und Schnupftabak aus seiner Fabrikation führen.

„Und was ist mit dem anderen Kram?", fragt Mathes.

„Welchem anderen Kram?"

„Zigarrenschneider, Tabaksbeutel, Pfeifenstopfer, Reiniger, Streichhölzer", zählte Mathes auf.

„Klar, die Sachen gehören auch dazu."

„Es gibt noch ein Problem."

Andreas winkte ab. „Das hab' ich schon mit deinem Vater besprochen. Der ist einverstanden."

Sein Vater sollte damit einverstanden sein, dass er den Schersach mit dem Preßbengel erschlug? Mathes fragte sich, wie er erfahren hatte, was passiert war.

„War wohl noch ein langer Abend gestern?“, fragte Andreas schmunzelnd. „Ich habe ihm mein Geschäftsmodell erklärt.“

„Und das wäre?“

„Die komplette erste Ausstattung gibt es auf Kommission. Dafür nimmst du auch die Bestellungen der Gastronomen entgegen, die wir dann direkt von der Fabrik aus beliefern.“

Während Mathes nickte, konnte er seine Freude kaum unterdrücken.

„Freu’ dich nicht zu früh“, Andreas schien seine Gedanken zu lesen. „Allein in Trier haben wir über 100 Kneipen und dazu kommen die aus dem Umland noch hinzu.“

„Da muss ich aber nicht hin?“

„Nein, die kommen zu dir, wenn sie am Markt oder sonst was bei dir in der Nähe zu tun haben.“

„In Ordnung.“ Mathes nickte.

„Schlaf eine Nacht drüber, bevor wir die Einzelheiten besprechen und uns dann hoffentlich handelseinig werden.“

Paris, 1867

Félix Nadar

„Guck mal!“ Mathes war vor einem Laden stehen geblieben. Darüber prangte in großen Lettern ‚Sellerie Française‘.

„Keine Bange, ich habe nicht vor, Sellerie zu kaufen. Ich glaube, damit ist auch was anderes gemeint.“ Er zwinkerte ihr zu. „Sättel für Pferde und dergleichen.“

„Falsch geraten.“ Sie puffte ihm in die Seite. „Sellerie heißt auf deutsch Sattlerei und die ...“

„... polstern Möbel“, beendete er ihren Satz.

Sie trat einen Schritt zurück und schaute am Haus empor, wo auf einem Schild ‚Manufaktur de Vetements‘ stand. „Da oben werden wohl Kleider geschneidert.“

„Nein, ich meine das.“ Er zeigte auf die großen roten Lettern ganz oben an der Hauswand: ‚NADAR‘. „Von dem hat mir der Mehlbreuer erzählt. Félix Nadar soll ein ganz berühmter Fotograf sein. Der fliegt auch mit einem Ballon.“

Nicht wissend, was sie erwartete, ließ Kathi sich von Mathes die Tür zu einem opulenten Treppenhaus aufhalten. Nebeneinander stiegen sie die an den Kanten leicht rundgelaufenen gefliesten Steinstufen empor. Es waren sehr viele. Noch mehr als zu der Stube für das Hauspersonal unter dem Dach des Hotels. Im vierten Stock hing neben der Korridortür ein großes Schild mit der Aufschrift ‚Photographie Nadar‘. Noch bevor seine Hand am Zug der Glocke anlangte, wurde die Tür aufgerissen.

„George!“, rief ein Junge und blickte ihnen erwartungsvoll entgegen. Sein Blick ging von Mathes zu Kathi. Er hatte offensichtlich jemand anderen erwartet und wandte sich mit enttäuschter Miene ab. Die Pforte ließ er offen. Die beiden folgten ihm und gelangten in einen großen Raum mit hoher Decke.

„Bonjour, messieurs, mesdames", grüßte Mathes mit lauter Stimme und blieb mit Kathi stehen. Niemand antwortete. Kein Mensch war zu sehen.

Von links fiel das Licht durch eine hohe, komplett verglaste Front auf Staffeleien, Tische, eine Presse, wie er sie aus der Werkstatt seines Vaters kannte. Ein reich verzierter Stuhl war vor einer freistehenden quadratischen Holzwand drapiert, daneben standen verschiedene Hocker und ein Diwan. Auf den ersten Blick wirkte der helle Raum wie das Atelier eines Malers.

Die zentrale Position im Raum nahm eine mächtige Apparatur auf Stelzen ein. Sie wurde zum Teil von einem schwarzen Vorhang verdeckt, aus dem vorne ein Rohr ragte, das von beweglichen Balgen, wie bei einem Akkordeon, gehalten wurde. Es erinnerte Mathes an die Zeichnung eines Fernrohrs zur Erkundung des Sternenhimmels, die er mal in einem Buch gesehen hatte.

Auf einer Kommode mit etlichen Schubladen standen Gläser und Flaschen neben einem Puppenkopf, über den eine üppige Perücke gestülpt war. Hinter den Fenstern verlief ein Balkon mit einem feinen, grün gestrichenen schmiedeeisernen Geländer. Die Schwünge des dunkelroten Schriftzugs Nadar schimmerten hindurch.

Die Wände waren von unten bis oben mit zahlreichen Fotografien und Zeichnungen bedeckt.

Ganz in der Nähe wurde eine von einem Vorhang verdeckte Tür geöffnet. Ein Mann mit wallendem roten Haar, gehüllt in einen weiten Hausmantel in der gleichen Farbe, trocknete, während er sich näherte, seine Hände an einem Tuch. Eine leichter Geruch nach Schwefel und Säure begleitete ihn.

„Pardon, Paul attend sa marraine“, sagte der Mann und schaute prüfend auf seine Hand, bevor er Kathi und Mathes begrüßte.

„Der Kleine erwartet seine Patentante“, übersetzte Kathi.

„Félix Nadar“, stellte sich der Künstler vor. „Und Sie sind ...?“

„Fischer, Mathias und Katharina, nous sommes de Trèves sur la Moselle.“ Mathes, der eigentlich nicht auf den Mund gefallen war, fiel zum ersten Mal in seinem Leben nichts Weiteres ein.

„La ville des Romains“, half Kathi.

Mathes nickte ihr dankbar zu und wandte sich wieder an den Künstler. „Wo haben Sie Deutsch gelernt?“

„In Hannover, ein bisschen.“

„Très magnifique.“ Mathes zeigte auf die Wand mit den vielen Bildern. „Nous voulons ...“ Er deutete mit Zeige- und Mittelfinger auf seine Augen.

„Gerne, bien sûre.“ Der Hausherr nickte. „Muss ... zurück in Laboratoire pour Photo.“

„Gutes Gelingen“, wünschte Mathes, als der Mann wieder in seinem Labor verschwand und widmete sich erneut den Fotografien. Es wunderte ihn, wie viele der Namen unter den Porträts ihm bekannt waren.

Eine Zeichnung in der Größe eines Plakats, überschrieben mit PANTHEON NADAR, zeigte eine lange Prozession von Männern, die sich die Serpentinen eines Hügel hinunter auf eine Säule zubewegten. Darauf stand eine in Stein gemeißelte Büste einer Frau. Mathes ging näher heran und rückte seine Brille zurecht. Die überwiegend elegant gekleideten Herren hatten meist ernste und selbstbewusste Mienen. Je mehr sie sich der Säule näherten, schienen ihre Köpfe an Umfang zuzunehmen und zu Karikaturen zu werden.

Der Junge, der ihnen die Tür geöffnet hatte, Kathi schätzte ihn auf zehn Jahre, schlich aus einer niedrigen Tür ins Atelier zurück. Hinter dem Rücken die linke mit der rechten Hand umfassend, versuchte er, Mathes nachzuahmen, wie er von Bild zu Bild ging, sich nach vorn beugte und einen Namen, den er unter dem Bild las, vor sich hin murmelte.

„Quel est ton nom?“ Kathi zwinkerte dem Kleinen zu.

„Paul.“ Er lächelte zurück und ergänzte. „Paul Nadar, et vous?“

„Je suis Catherine“ antwortete sie und deutete zu Mathes. „C’est Matthieu.“

„Voulez-vous voir ma grotte?“

„Une grotte?“, fragte Kathi. Sie schaute zu Mathes, der ganz in die Betrachtung der Bilder versunken schien. Dann spürte sie eine kleine Hand, die sanft an ihren Fingern zog.

Aus dem von Sonnenlicht durchfluteten Atelier ging es hinter einer Tür eine kleine Treppe hinunter in ein schwach beleuchtetes Zimmer. Kathi blieb auf einem dicken Teppich stehen und schaute sich um. Als sich ihre Augen an die Lichtverhältnisse in dem kleinen Raum gewöhnt hatten, erkannte sie auf dem Boden und an den Wänden orientalische Teppiche mit bunten Mustern, exotische Trommeln und andere Musikinstrumente. An der Decke hingen miteinander verwobene Tücher. Was sie zuerst für einen Teppich gehalten hatte, stellte sich als dunkelbraunes Bärenfell heraus. Neben einem dick gepolsterten Sofa stand eine Kommode mit rundem Spiegel. Davor lag eine Perücke mit langem gelockten, dunklem Haar. Die nahm sich Paul und hielt sie ihr entgegen. Die Glocke an der Tür läutete. Im Nu lief der Kleine die Treppen hinauf.

Kathi kehrte zu Mathes zurück. „Das ist interessanter als ...“, begann er.

„Der Louvre“, ergänzte sie, als er nicht weitersprach.

„Sieh mal, Richard Wagner, Giuseppe Verdi, Alexandre Dumas ...“ Er wies auf einzelne Porträts. Dabei schien er eines zu entdecken, bei dem ihm vor Staunen der Mund offen blieb. „Balzac“, flüsterte er andächtig, während eine Dame an der Hand von Paul ins Atelier geleitet wurde. Ihr folgten zwei Herren. Einer davon trug eine Holzkiste. Darin klirrte es leicht, als sie auf den Boden gestellt wurde. Der Träger erhielt ein Trinkgeld und verabschiedete sich mit einer tiefen Verbeugung.

Die Frau hatte dem Jungen ein kleines, verpacktes Geschenk mitgebracht. Irgendwie kam sie Mathes bekannt vor. Es schien ihm, als habe er sie gerade erst auf einem der Fotos gesehen. Er ließ den Blick über die Bilderwand schweifen. Nur wenige Frauen waren dort abgebildet. Vergeblich. Auf dem Plakat ‚Pantheon Nadar’ waren ebenfalls nur Männer zu sehen – außer auf der Säule. Und tatsächlich, die Büste wies große Ähnlichkeit mit der hochgewachsenen Dame in dem dunklen Anzug auf. Noch nie zuvor hatte er eine Frau in einem Herrenanzug gesehen. Und nun trug sie auch noch die üppige Perücke, die ihr der kleine Paul gereicht hatte, nachdem er, begleitet von einem Freudenschrei, eine Zinnfigur aus der Verpackung genommen hatte.

„George!“ Félix Nadar im roten Morgenmantel begrüßte die Frau überschwänglich. „Et Gustave! Mes amis! “ Er schüttelte dem Herrn mit der Halbglatze und dem großen Schnauzbart die Hand.

„Mon cher Félix", hörte Mathes die Dame sagen, während er sich dem Ganzkörperporträt eines Pantomimen zuwandte, dessen Gesicht ebenso weiß war wie sein weites Kostüm. Einem stehenden Akt mit einer Frau, die einen Arm vor ihr Gesicht hielt, folgte ein Bild des Arc de Triomphe von oben. Das Foto musste aus einem Luftschiff aufgenommen worden sein. Mathes gab Kathi ein Zeichen. Als sie zu ihm kam, flüsterte er: „Das wurde von einem Ballon aufgenommen!"

Aus dem Augenwinkel beobachtete er, wie der Besucher zwei Flaschen aus der Kiste nahm und auf einen Tisch stellte. Die großen Korken waren mit Draht gesichert. Gleich darauf sauste einer mit einem lauten Ploppen bis hoch zur Decke und landete nahe Mathes auf dem Holzboden, wo er nochmals hochhüpfte und dann austrudelte.

„Pardon Monsieur", rief der Herr, während er das perlende Getränk in große, schalenförmige Gläser füllte.

„Möchten Sie eine Glas avec nous?", lud der Künstler ein. Während Kathi freundlich abwinkte, ließ sich Mathes das nicht zweimal sagen.

Der Besucher erhob sein Glas: „À votre santé!"

Mathes wusste, dass in der Champagne nicht die süßen Weine wie am Mittelmeer erzeugt wurden. Aber das hier, was er im Glas hatte, war eindeutig kein Champagner. Es war auch kein Wein, der in der Flasche gegärt war.

„De pommes avec de l'alcool." Und weil das hätte abwertend klingen können, fügte er ein von Herzen kommendes „Très bon!" an.

„Le Cidre est ma boisson préférée." Gustave nickte ihm wohlwollend zu.

Mathes vermeinte zu verstehen, was er sagte. „Moi aussi!“ Worauf Gustave ihm lachend nachschenkte.

*

Sie hatten zwei Plätze auf dem überdachten Oberdeck am Bug des Bateaux-Mouches gefunden. Von ihrem Sitz an der offenen Balustrade sah Kathi hinunter zu den letzten Passagieren, die über den Landungssteg an Bord gingen. Die Taue an den Pollern am Kai wurden bereits gelöst.

Mathes saß entspannt neben ihr und stopfte sich eine Pfeife, während das Ausflugsschiff ganz bedächtig Fahrt aufnahm.

Vom Fluss aus wirkte die Stadt auf Kathi ganz anders. Über den Ufermauern erschienen die Häuser noch etwas höher, der Verkehr auf der Brücke, auf die sie zusteuerten, noch geschäftiger.

„Das war eigentlich Viez, was wir da vorhin getrunken haben.“ Mathes war die Verwunderung immer noch anzumerken. „Der ist in der Flasche gegoren.“

„Cidre.“ Kathi nickte. „Mein Vater hat den mal mitgebracht.“

„Zuerst dachte ich, es wäre Champagner“, sagte er. „Es ist wirklich schön in Paris, aber den Viez habe ich vermisst. Aber nun weiß ich, dass es den auch hier gibt.“

„Die zwei haben sich bestimmt fotografieren lassen“, sagte Kathi. „George ist ein ungewöhnlicher Name für eine Frau.“

„Sie soll eine sehr berühmte Schriftstellerin sein.“ Mathes dachte an das Plakat, auf dem sie abgebildet war. „Ich habe mich nicht getraut zu fragen, was ein Foto von uns beiden kosten würde.“

„Gut, dass du nicht gefragt hast.“ Sie winkte ab.

„Fragen hätte eigentlich nichts gekostet …“

„Trotzdem.“

Großmütig überließ er ihr das letzte Wort, was ihn wiederum mit Genugtuung erfüllte.

Ein lautes Tuckern ließ seinen Blick hinaus auf den Fluss schweifen, wo ein Lastkahn vorbeizog und ihr Schiff in seinen Wellen leicht zum Schaukeln brachte.

Kathi dachte daran, niemals schwimmen gelernt zu haben. „Was ist, wenn wir untergehen?“, sagte sie mehr zu sich selbst.

„Das Boot ist sicher.“ Mathes zog an der Pfeife, legte den Kopf in den Nacken und schickte ein paar Rauchkringel nach oben.

„Woher weißt du das?“

„Das spüre ich! Ich bin die Ruhe selbst, yes.“ Er legte seine Hand auf ihre.

„Es kann auf einen Felsen laufen.“

„Die gibt es nicht in der Seine.“

„Woher bist du dir so sicher?“

„Die gibt es hier genauso wenig wie Eisberge in der Mosel.“

„Die Mosel ist schon oft zugefroren“, widersprach sie.

„Yes, das schon, aber es gab keine Eisberge.“

„Dicke Eisschollen können auch Unheil anrichten.“

„Falls was passiert, bin ich ja noch da. Ich würde dich retten. Yes, das würde ich tun.“

„Seit wann redest du so?“, fragte sie, leicht kopfschüttelnd.

„Seitdem ich dich geheiratet, also, seitdem ich dich kenne.“

„Das meine ich nicht. Ich meine dieses Yes.“

„Das haben sie im Pavillon der Amerikaner die ganze Zeit gesagt … und gestern der Sam …“

„Gut, du würdest mich also retten, wenn wir ins Wasser fielen."

„Yes." Mathes nickte.

„In diesem Kleid?" Sie schaute zu der Brücke und fragte sich, ob das Schiff überhaupt unter dem niedrigen Bogen hindurchkam.

„Yes, auch in diesem Kleid." Mathes versuchte, die erloschene Pfeife wieder anzuzünden.

„Das würde mich bis auf den Grund der Seine hinunterziehen."

„Und wenn du es vorher ausziehst?" Er stieß eine Rauchwolke aus und zupfte mit Daumen und Zeigefinger an dem Stoff über ihren Beinen.

„Hier? Bei den ganzen Leuten?"

„In einer Notlage, natürlich, wo es um Leben und Tod geht ... yes."

„Dann ertrinke ich lieber." Sie wandte ihr Gesicht ab und blickte hoch zu der nächsten Brücke, die das Boot gleich passieren würde. „Und wenn du noch einmal yes sagst, springe ich sofort!"

Grinsend verkniff sich Mathes eine Antwort. Der mondäne und ausladende Hut einer Dame weckte seine Erinnerung an Jenny von Westphalen, ihr Porträt hätte gut in die Galerie Nadar gepasst.

Trier, 1856

Jenny Marx

Mathes schaute von seiner Kladde auf, in die er die Posten notierte, die zur Neige gingen und nachbestellt werden sollten. Auf der Straße tat sich was. Gleich drei fein gekleidete Damen studierten seine Auslage. Das kam nicht alle Tage vor. Erst dachte er, die exotischen Meerschaumpfeifen hätten ihr Interesse geweckt. Sie waren sein ganzer Stolz. Vergleichbare waren weit und breit nicht zu finden. Wenn überhaupt, dann vielleicht in Koblenz oder Metz. Selbst in Saarbrücken und Luxemburg gab es keinen Laden, der Pfeifen in dieser Qualität führte. Zugegeben, die Bruyère hielt lange der Glut stand, aber Meerschaum war unübertroffen. Vom ersten Zug an reiner unverfälschter Tabakgenuss und eine Hitzebeständigkeit, gegen die kein anderes Material ankam. Sein innerer Monolog wurde vom Läuten der Türglocke unterbrochen.

Auf den ersten Blick war zu erkennen, dass die drei Damen nicht von hier stammten.

„Matthias ... Mathes“, korrigierte sich eine der Besucherinnen. „Du hast jetzt einen eigenen Laden?“

Sie trug englisches Tuch. Es war Jenny Marx.

„Ja, das ist aber eine Überraschung! Und die beiden jungen Damen sind deine Töchter?“

„Jennylein und Laura.“ Sie machte eine ausladende Handbewegung. Beide vollführten einen Knicks.

„Angenehm, freut mich.“ Mathes nickte den Mädchen zu.

Am Schaufenster hatten sich Neugierige versammelt und gafften unverhohlen in den Laden. Am liebsten wäre Mathes nach draußen gegangen und hätte sie verscheucht, besonders die, die ihre Nasen gegen die Scheiben drückten und mit offenem Mund das Glas beschlagen ließen.

„Edgar hat mir erzählt, wie ihr beide nach der Revolution vielen Mitstreitern einen Prozess erspart habt ...“ Sie hob die Hand mit drei abgespreizten Fingern wie zum Schwur. „Ich weiß, es gibt zwischen euch ein Versprechen bis in den Tod.“

Dass Edgar bei seiner Schwester etwas angedeutet hatte, konnte Mathes ihm verzeihen. Schließlich hatten sie auch Schriften der Londoner Junta und ganz besonders welche von Karl Marx an seine revolutionären Genossen in Trier weggeschafft. Selbst Jennys und Edgar von Westphalens Mutter hätte in den Fokus der Ermittler geraten können.

„Was macht Edgar?“, fragte Mathes. „Schon lange nichts mehr von ihm gehört.“

„Er lebt immer noch in Amerika und konnte leider nicht zum Geburtstag unserer Mutter kommen.“

„Schade“, bemerkte Mathes. „Der wievielte Geburtstag, wenn ich fragen darf?“

„Einundachtzig, aber leider geht es ihr nicht mehr besonders gut.“ Sie schaute sich im Laden um. „Eigentlich sind wir hier hinein geflüchtet, um der Meute da draußen zu entkommen. Aber wenn ich die da sehe ...“ Jenny deutete auf die Vitrine mit den Zigarren. „Karl wird sich bestimmt über ein Kistchen aus seiner Heimatstadt freuen.“

„Da bin ich mir sicher.“ Nach einem Blick zum Fenster, wo sich weitere Neugierige dazugesellt hatten, zwinkerte er den Mädchen zu. „Hier braucht man sich nur auf den Hauptmarkt zu stellen und in die Luft zu gucken, schon glotzen die anderen auch in den Himmel." Die beiden schauten ihn interessiert an, ohne eine Reaktion zu zeigen. Er fragte sich, ob sie ihn verstanden.

„Willst du mal gucken?" Mathes stellte mehrere Schachteln auf die Theke und öffnete sie. „Feinster Tabak von Wittlich bis Virginia."

Jenny beugte sich über die Kisten, nahm hier und da eine heraus und schnupperte daran.

„Würde mich nicht wundern, wenn man morgen in der Stadt erzählt, du würdest jetzt auch noch Zigarren rauchen", sagte er.

„Auch noch? Was erzählt man sich denn sonst noch?"

Jetzt wurde es für Mathes unangenehm. „Trier ist halt eine kleine Stadt, wo nicht viel passiert." Er schob seine Brille hoch. „Du kennst das ja vielleicht noch von früher, als du selbst hier gewohnt hast."

„Nein, kenne ich nicht", bemerkte sie spitz.

„Die hier hat auch Edgar gerne geraucht und der ist ein Kenner", versuchte Mathes vom Thema abzulenken. „Das Aroma würde mit denen mithalten können, die er vielleicht gerade in Amerika raucht."

„Ja, Edgar ist ein Mann von Welt geworden und Geschmack hatte er immer schon."

Jenny Marx war sichtlich älter geworden. Wann hatte er sie zuletzt gesehen? Das könnte im Jahr 1844 gewesen sein, das wusste er so genau, weil da auch der Heilige Rock gezeigt worden war. Inzwischen hatte sich einiges ereignet. Mathes überlegte, ob seine Besucherin wusste, was alles über die Familie in Trier getuschelt wurde. Deshalb war er froh, dass sie sich nicht nach Mathes' Familienangelegenheiten erkundigte. Das hätte eine Gegenfrage nötig werden lassen und möglicherweise schmerzliche

Erinnerungen geweckt. Nach Helena Demuth hatte er bewusst auch nicht gefragt, obwohl sie die Freundin seiner Schwester war. Wenn es stimmte, was vor fünf Jahren in Trier die Runde machte, hatte das Hausmädchen einen Sohn bekommen, dessen Vater Karl Marx sein sollte.

Jenny hatte ausgewählt. Nach dem Bezahlen reichte sie die Schachtel an die älteste Tochter weiter.

„Wir machen uns auf den Heimweg, hat mich gefreut, dich mal wieder zu sehen."

„Wartet bitte noch einen Moment", bat Mathes. Er nahm ein Bündel Lakritzstangen aus einem Glas. Diese waren für die Kinder der Kundschaft vorgesehen. Er hob ein hellbraunes Bastkörbchen aus einer Schublade. Die Lakritzstangen darin waren nur halb so groß wie üblich. Die Zugabe einer ganzen Stange Bärendreck war kaufmännisch nicht immer vertretbar. Mit dem Zeigefinger rollte er die obersten beiseite und prüfte, ob genügend darin waren.

„Bin gleich zurück." Er grinste die Besucherinnen an, während er, das Körbchen in Brusthöhe haltend, hinter der Theke hervorkam und an ihnen vorbei zur Ladentür ging. Draußen blieb er stehen und blickte zu der neugierigen Meute. Er wartete, bis alle ihre Aufmerksamkeit auf ihn gerichtet hatten.

Dann verkündete er: „Wer weitergeht, kann sich eine holen." Dabei senkte er das Körbchen, in dem sich die schwarzen Stangen deutlich von dem hellen Bast abhoben.

Für einen Moment standen die Leute bewegungslos. Manche schienen eine Schimpftirade erwartet zu haben. In dem Korb hätten Steine sein können, die der Mann ihnen hinterherwerfen würde.

Die kleine Lisbeth, Tochter einer der Marktfrauen vom Hauptmarkt, war die Erste, die sich ein Herz fasste, zu Mathes kam und mit ihren spindeldürren Fingerchen flink in den Korb langte und eilig weglief.

„Lass es dir schmecken!“, rief er ihr nach. Und schon war der nächste da. Ein Junge, dessen Gesicht mal einen Waschlappen gebraucht hätte.

„Nur eine!“, mahnte Mathes.

Nach und nach kam Bewegung in die Menge vor seinem Schaufenster. Kinder und auch Erwachsene ließen sich das leckere Angebot nicht entgehen. Nach und nach griffen sie ins Körbchen, immer mit einem freundlichen Gruß von Mathes bedacht. Am Schluss stand nur noch eine ältere Frau am Fenster.

„Was ist?“, rief ihr Mathes zu und raschelte mit den wenigen noch vorhandenen Stangen. „Greifen Sie zu!“

Endlich setzte auch sie sich in Bewegung. Als er ihr das Körbchen entgegenhielt, machte sie einen Bogen und folgte naserümpfend den anderen in Richtung der Simeonspforte.

Jenny Marx kam, gefolgt von ihren beiden Töchtern, sichtlich erleichtert aus der Ladentür.

„Vielen, vielen Dank“, sagte sie und schüttelte ihm die Hand.

„Keine Ursache.“ Mathes hielt auch den Töchtern den Korb hin. Beide griffen kichernd zu, bedankten sich artig und folgten ihrer Mutter, die einen prüfenden Blick die Straße hinunterwarf.

Keine fünfzig Meter weiter hatte sich ein Teil der Leute von vorhin gesammelt. Schon machten sich die Ersten wieder auf den Rückweg. Mathes schwante nichts Gutes.

„Herr Wachtmeister, Herr Wachtmeister!“, rief er mit gespielter Aufregung einem auf der anderen Straßenseite vorbeigehenden Polizisten zu. Dabei deutete er auf die Meute und murmelte etwas.

„Was sagen Sie?“ Der Schutzmann kam mit fragender Miene zu Mathes herüber, der weiterhin in die gleiche Richtung wies. Die Ersten der Neugierigen waren stehen geblieben.

Auch wenn Mathes weiterhin seine Schwierigkeiten mit der Obrigkeit und deren ausführenden Organen, insbesondere der Polizei, hatte, so überwand er sich für dieses Mal.

„Ich hab‘ das nur gehört“, fuhr Mathes fort.

„Was?“, fragte der Polizist und schaute nun ebenfalls zu der Gruppe von Menschen, die zögernd stehen geblieben war.

„Der Wind soll sich drehen und bald von Osten kommen“, sagte Mathes.

„Und warum erzählen Sie mir das, mein Herr?“

„Ich meine nur“, sagte er. „Ihr seid ja die meiste Zeit vom Tag unter freiem Himmel. Und wenn der Wind aus Osten kommt, da bleibt es ja meistens trocken.“

„Und was hat es mit den Leuten da auf sich?“, fragte der Uniformierte.

„Welche Leute?“

„Die da hinten.“ Er deutete mit ausgestrecktem Arm auf die Meute, die daraufhin kehrtmachte und Richtung Simeonsport davoneilte.

„Dat weiß ich och net.“ Mathes hob die Hand zur Mütze und ging in seinen Laden zurück.

Paris, 1867

Culebra

Am Abend setzten sie ihre gastronomische Weltreise auf dem Marsfeld fort. Nach dem Besuch eines marokkanischen Restaurants, in dem sie zuerst eine fremdartige, köstliche Erbsensuppe und dann gebratenes Huhn mit Zitrone und Oliven verspeist hatten, stellten sie sich vor einem amerikanischen Café an, um endlich eine Eiscreme zu ergattern. An den Tagen zuvor war ihnen der Ansturm zu groß gewesen. Was sie nun genüsslich mit den Zungen schleckten, war so köstlich und besonders, dass es zuhause schwer zu beschreiben sein würde.

„Was der Bauer nicht kennt, das isst er nicht. Das kann uns auch heute keiner vorwerfen“, stellte Mathes nicht ohne Stolz fest und wies mit fragendem Blick auf eine etwas abseits vom Weg gelegene freie Bank. Als sie nickte, beeilte er sich, damit ihnen keiner der anderen Flanierenden zuvorkam.

Beim Anrauchen der Culebra dachte Mathes an das, was ihm Alfredo im Tabakladen erzählt hatte. Die Flucht im Jahr 1848 von Köln nach Paris hatte dessen Leben von einem zum anderen Tag komplett umgekrempelt. Das hätte auch ihm selbst passieren können. Wenn er beim Fertigen und Verteilen der Flugblätter und Plakate erwischt worden wäre oder später mit den geheimen Papieren, die er mit Edgar von Westphalen heimlich aus der Stadt gebracht und im Wald am Hawschen Gut versteckt hatte. Wer weiß, was dann gewesen wäre?

„Hast du da drauf gesessen?“, fragte Kathi beim Anblick der gebogenen Zigarre und hielt sich lachend eine Hand vor den Mund.

„Das ist eine Culebra“, sagte Mathes und betonte das spanische Wort. „Die hat mir Alfredo geschenkt.“

„Wer soll so ein krummes Ding auch schon kaufen?“

„Die hier steht dem Original, einer Zigarre aus dem Hause Romeo y Julieta aus Havanna, in keiner Weise nach.“ Mathes zog genüßlich, legte den Kopf in den Nacken und blies Ringe nach oben. Dann erzählte er Kathi, was ihm Alfredo von seinem Leben in Paris und Havanna berichtet hatte.

„Was du auch immer alles erfährst“, staunte sie beeindruckt.

„Man muss nur Augen und Ohren offen halten. Eigentlich habe ich erwartet, noch ganz andere Leute kennenzulernen.“

„Aber hier ist doch die ganze Welt vertreten.“

„Ja, aber ganz spezielle sind mir noch nicht über den Weg gelaufen.“

„An wen denkst du?“, fragte sie.

„Indianerhäuptlinge, Eskimos und Wilde.“

„Wilde leben in der Wildnis und reisen nicht nach Paris.“

„Und wenn sie es trotzdem tun?“

„Dann sind es ja eigentlich keine Wilden mehr.“

„Gut, dann versuche ich es dir mal anders zu erklären. Also, wenn du der Häuptling einer Südseeinsel bist und von Natur aus ein Kannibale, dann kannst du natürlich auch andere Sachen essen, Fische und so. Aber wenn sich die Gelegenheit bietet, dann wirst du zugreifen ... in diesem Fall zubeißen.“

„Und wie willst du so einen erkennen?“

„Das ist ein Problem. Der wird dich ja nicht nach Hause zu seiner Familie einladen, die schon mit gewetzten Messern auf dich wartet."

„Sondern?"

„Als Kannibale würde ich mich hier in einem dunklen Teil verstecken und mir dann, sollte sich die Gelegenheit ergeben, eine leckere Person schnappen."

Kathi konnte nicht umhin, sich instinktiv auf der Bank umzudrehen, ob womöglich jemand in dem Busch hinter ihnen lauerte.

„Wartet da schon einer?", fragte er.

Natürlich war das Quatsch, über das er da laut sinniert hatte. Mathes war mit sich zufrieden, denn als sie weiter über das spätabendliche Marsfeld spazierten, schmiegte sie sich näher an ihn. Sie orientierten sich an der riesigen Glasfassade des Industriepalastes, hinter der es noch Licht gab und dem hoch aufragenden Leuchtturm am Weiher vor dem Tor zur Seine.

„Hier gibt es zehnmal, was sage ich, hundertmal so viele Gaslampen wie wir in ganz Trier haben", sagte Mathes. „Und für die paar Funzeln in Trier hat es sieben Jahre gedauert." In der Nähe war ein Streichkonzert zu hören. Sie fanden zwei Plätze nahe der Bühne in einem Pavillon aus Österreich. Dort lauschten sie einem kleinen Orchester aus Wien, das ohne Dirigent Werke von Vivaldi darbot. Die Musiker spielten sehr zurückhaltend, und dennoch nahm das wunderbar klingende Cello immer wieder eine führende Rolle ein.

„Von dem Vivaldi gab es vorhin kein Foto", sagte Kathi in einer Pause zwischen zwei Stücken, in der sich die Musiker auf der Bühne eine Erfrischung gönnten.

Während Mathes sich zu erinnern versuchte, fügte sie an: „Hast du nicht gesehen, wer da alles schon war, in dem Atelier von Nadar?"

„Doch, doch." Er nickte.

„Richard Wagner, Jacques Offenbach, der Berlioz und der Rossini", zählte sie mit unüberhörbarer Begeisterung in der Stimme auf.

„Hector und Gioachino", ergänzte Mathes, im Stillen stolz darauf, die Vornamen, besonders den komplizierten, zu kennen.

„Wunderschöne Musik hat der Vivaldi geschrieben."

„Klingt ein bisschen traurig." Mathes schenkte sich aus der noch gut gefüllten Karaffe nach. Nur wenig. Der Tag war voller beeindruckender Erlebnisse gewesen. Da hatte er zuerst gar nicht bemerkt, dass auch der Cidre und der Wein ihn auf eine Wolke der Glückseligkeit gehievt hatten. Und von dieser wollte er nicht abstürzen, auch wenn der Wiener Gemischte Satz ihm ganz besonders mundete.

„Ich glaube, der lebt nicht mehr."

„Wer?", fragte Mathes.

„Der Vivaldi."

Das Orchester setzte zu einem neuen Stück an, das viel heiterer klang, als das zuvor. Fast hätte man drauf tanzen wollen. Eines war sicher, so eine schöne und virtuos vorgetragene Musik hatte Mathes noch nie zuvor in seinem Leben gehört.

„Wunderschön." Um das Wort mimisch zu verstärken, fasste er sich mit geschlossenen Augen, den Kopf leicht im Nacken, ans Herz. Was er fühlte, genauer gesagt, was er nicht fühlte, ließ ihm den Atem stocken. Hastig tastete er mit den Fingerspitzen die linke Seite seiner Jacke ab, griff durch das Revers in die Innentasche. Sie war leer.

„Nun sag' nicht ...", Kathis Stimme stockte.

Mathes suchte die beiden Seitentaschen der Jacke ab.

Links waren seine Rauchutensilien, rechts klimperten die Münzen.

Er schüttelte den Kopf. „Nix. Es ist weg!"

„Wann hast du es denn ...?"

„Das war ..." Mathes überlegte, wann er das Portemonnaie zuletzt benutzt hatte.

Der Zauber der Musik war mit einem Schlag verflogen. In den letzten Stunden hatte er mit den Münzen aus der Jackentasche bezahlt. Eintritte und Getränke. Zum Essen hatte Kathi etwas aus ihrem kleinen Stoffbeutel beigesteuert.

„Auf dem Schiff hatte ich die Jacke ausgezogen." Der Geldbeutel saß eigentlich zu fest, als dass er hätte herausfallen können. Sonst waren sie immer vorsichtig gewesen, wenn es mal eng wurde und ihnen fremde Menschen zu nahe kamen. Für die Fahrt auf dem Bateaux Mouche musste bezahlt werden. Mathes hatte gedacht, das würden Taschendiebe nicht wagen und obendrein hätten sie im Falle einer Entdeckung wenig Fluchtmöglichkeiten. Aber was war, wenn sie warteten, bis das Schiff wieder anlegte, um dann zuzugreifen?

Nach dem Besuch des Fotoateliers war er noch froh gewesen, dass sie sich keine kostspielige Fotografie geleistet hatten. Jetzt hätten sie wenigstens die gehabt.

Sie gingen zum Ausgang am Porte St. Martin. Zu dieser späten Stunde betrug die Wartezeit auf eine Kutsche nur wenige Minuten.

„Sollen wir zur Polizei?", fragte Kathi. Sie schaute zu zwei Gendarmen, die hoch zu Pferde das Treiben am Eingang zur Exposition beobachteten.

„Mein geplündertes Portemonnaie schwimmt längst in der Seine."

„Können wir uns überhaupt noch eine Kutsche leisten?“

„Wenn wir zu Fuß unterwegs die letzten Francs einem Räuber geben müssen, haben wir auch nichts gewonnen.“ Mathes wollte nur noch zurück ins Hotel. Hier draußen würde er keinen klaren Gedanken fassen können.

In der Nacht erwachte Mathes. Er streckte einen Fuß aus dem Bettzeug, schlug es zurück und fuhr sich durch das schweißnasse Gesicht. Sein Körper fühlte sich bleischwer an, ein Zeichen, dass er längst nicht ausgeschlafen war. Kathi schien neben ihm tief und fest zu schlafen. Er hatte wirr geträumt. Alle riefen ihn Mathieu, und er balancierte in dem roten, wehenden Mantel über das Balkongeländer des Atelier Nadar. Im Halbschlaf erinnerte er sich an die Fotogalerie, die Schauspielerin mit den dichten dunklen Locken, den Pantomimen mit dem weißen Gesicht, das Porträt von Pierre Joseph Proudhon. Dessen grimmiger Blick hatte sich aus dem Bild heraus mit bleierner Schwere auf ihn gelegt. Vor Schreck war er aufgewacht.

Für einen Moment hoffte Mathes, der Verlust des Portemonnaies wäre auch nur ein Traum gewesen. Dieser Gedanke ließ ihn vollkommen wach werden.

Seine erste Sorge war, wie sie wieder zurück nach Hause kommen sollten.

Die Zugfahrkarten hatten sie bereits gekauft. Am liebsten wäre er aufgestanden und hätte nachgesehen, ob sie noch in der Schublade der Kommode zwischen der Unterwäsche lagen. Das Zimmer war ebenfalls bezahlt. Mathes hatte sich darüber aufgeregt, als die Wirtin auf Vorauszahlung bestanden hatte. Immerhin war sie so kulant gewesen, für die erste Nacht nur das Frühstück zu berechnen. Nun war er froh, dass das Hotel bezahlt war. Aber wovon sollten sie die letzten beiden Tage in Paris bestreiten? Zuhause hätten sie von ihren letzten Münzen ein paar billige Lebensmittel einkaufen können. Aber im Hotelzimmer konnten sie nicht kochen. Wenigstens ein Frühstück würde es geben. Die Erfahrung hatte ihn gelehrt, dass Sorgen in der Nacht wuchsen und am Morgen wieder kleiner erschienen.

Wie der kleine Paul ihn gestern im Atelier nachgeahmt hatte, war ihm nicht entgangen. Ebensowenig der belustigte Blick, den George ihrem Begleiter zuwarf, als Mathes den Geschmack des vermeintlichen Champagners kommentierte. Er wusste durchaus, dass er nicht besonders weltgewandt war, aber dumm war er keineswegs. Warum nur hatte er es versäumt, einen Teil des Geldes im Zimmer zurückzulassen?

*

Sie frühstückten an ihrem angestammten Tisch am Fenster. Hatte Mathes das petit déjeuner in der Vorfreude auf ein baldiges zweites Frühstück bis gestern klaglos hingenommen, so wurde ihm nun bewusst, dass sie sich das gar nicht mehr leisten konnten. Die Inspektion sämtlicher Jacken- und Hosentaschen hatte gerade mal acht Francs und ein paar Centimes ergeben. Hinzu kam noch das Kleingeld, das in Kathis kleinem Beutel steckte.

Soeben hielt eine Kutsche vor dem Hotel. Ein mit Koffer und Taschen beladenes Paar eilte aus dem Haus. Er beobachtete, wie der Kutscher half, das Gepäck zu verstauen.

„Was Sam und die anderen Amerikaner wohl machen?“, fragte Kathi.

Die Kutsche hatte auch ihn an Sam erinnert. „Die werden vielleicht schon in der Schweiz sein.“

Sie nickte. Nicht so wie ihr Vater, der morgens eine lange Anlaufzeit benötigte, war Mathes für gewöhnlich gleich nach dem Aufwachen munter und ansprechbar. Heute war er ungewohnt still, kein Wunder. Beide hatten vereinbart, grundsätzlich beim Essen nicht mehr über problematische Themen zu sprechen. Diesen Rat von Dr. Rosbach beherzigten sie, seit Kathi ihn wegen der immer wiederkehrenden Bauchschmerzen aufgesucht hatte.

Auch nach dem Frühstück hatte es noch nicht den rechten Moment gegeben, das Thema, das sie beide seit dem gestrigen Abend beschäftigte, anzusprechen. Auf den Straßen und in den Läden herrschte an diesem Samstag vor Pfingsten reger Betrieb. Kurzerhand schlugen sie den Weg zu dem Kolonialwarenladen ein. Bis zu ihrer Abreise am Pfingstmontag waren die Geschäfte nur noch heute geöffnet.

Nach dem überwältigenden Angebot im Tabakladen wurden auch hier ihre Erwartungen übertroffen. Die Vielfalt der Abteilungen mit exotischen Tees, Kaffee, Gewürzen, Schokolade, Nüssen, Früchten und anderem war großartig. Mit den Eisen- und Kurzwaren in dem Bereich für Kinkerlitzchen verhielt es sich nicht anders. Während Mathes Nägel und Schrauben inspizierte, ließ Kathi die Nadeln, das Garn, die Bänder und die ebenfalls schönen Schnallen außer Acht und hatte nur Augen für die Knöpfe.

„Allein mit denen könnte man einen ganzen Laden bestücken." Sie beugte sich über die Auslage, wo Knöpfe aus Horn, Metall, Holz, Kokos, Bein, Wolle, Samt und Seide, teils mit Perlen oder gar Edelsteinen verziert, ihre Pracht entfalteten. Mathes hatte bereits zwei weitere Runden durch das Geschäft hinter sich, bis sie ihren faszinierten Blick endlich von den Knöpfen lösen konnte.

An einer Theke wurden Kostproben aus dem Sortiment Tee, Kaffee, Nüsse, getrocknete Früchte und Kekse gereicht. Darauf hatte Mathes schon eine Weile gespinst und nutzte nun die Gelegenheit, seinen wieder leise knurrenden Magen zu beruhigen.

Kathi atmete tief ein und aus. „Wenn ich jung wäre ...“

„Das bist du doch“, sagte Mathes, wie aus der Pistole geschossen.

„Noch etwas jünger wäre, dann würde ich mich hier bewerben, in der Knopfabteilung, der quincaillerie...“

„Kinkerlitzchen, was bin ich so froh, dass die bei uns so heißt.“

„Nur, weil es keiner aussprechen will.“

„Oder kann“, murmelte er.

„Bis ich den Überblick über die Auswahl an Knöpfen hätte, würde es eine Zeitlang dauern.“

„Dann würde ich mich bei Alfredo im Pfeifenladen bewerben.“ Er schloss verträumt die Augen, während er an seinem Kaffee nippte. „Und in der Mittagspause würden wir uns zum Kaffee mit Absinth im Café treffen.“

„Und in weniger guten Zeiten gäbe es mocca faux.“

„Ja, Muckefuck wäre besser als nix.“ Mathes seufzte. „Bei unserem jetzigen Kassenstand müssten wir es erstmal mit Luft und Liebe versuchen.“ Er blickte sich verlegen um, als er einen Keks aus der Schüssel mit dem Schild ‚biscuit de bateau’ nahm.

„Möchtest du auch?“

„Danke, sehr großzügig.“ Sie schüttelte den Kopf.

Es knirschte zwischen seinen Zähnen. Er versuchte, sich die Überraschung nicht anmerken zu lassen. „Was meinst du dazu, Schiffszwieback zu kaufen? Der hält sich und bewahrt uns vor dem Verhungern.“

„Über die erste Zeit könnte er dir hinweghelfen.“ Sie tätschelte Mathes’ Bauch, der einen unverkennbaren Ansatz zur Wölbung zeigte.

Bis zur Seine war es nur mehr ein kurzes Stück. Eine halbe Stunde später hatten sie den Botanischen Garten im Jardin des Plantes erreicht. Sie ließen sich auf einer Bank im Schatten einer Zeder nieder. Hinter dem gläsernen Kakteenhaus waren die Türme einer Kirche zu sehen.

„Wir haben heute noch keinen Centime ausgegeben“, meinte Mathes. „Und in Notre Dame wird wohl auch kein Eintritt erhoben.“

Sie nickte, der Zeitpunkt war gekommen, an dem sie ihm endlich etwas gestehen musste.

Trier, 1856

König

Mathes hatte bereits Kassensturz gemacht und wollte den Laden schließen, als am späten Samstagnachmittag die Türglocke bimmelte.

„Mir hann schon ..." Mathes streckte dem späten Besucher die erhobenen Handflächen entgegen, als er Andreas Tont, seinen Hauptlieferanten und inzwischen auch Freund, erkannte und die Arme wieder sinken ließ.

„Was kann ich für euch tun?", fragte Mathes den beleibten Mann, der kaum durch den schmalen Eingang passte. Drinnen legte er die Hand auf die Theke und schaute sich um. „Ist noch jemand hier oder nutzen wir heute zur Feier des Tages, wo königlicher Besuch in unseren bescheidenen Stadt ansteht, den Pluralis Majestatis?"

Mathes winkte grinsend ab. „War ganz schön was los heute."

Vom Turm von St. Gangolf schlug die Glocke. Beide lauschten den Schlägen.

Tont zog eine Uhr aus seiner Westentasche. „So spät schon!"

„Ich hab' Kathi versprochen, ihr heute im Laden beim Einräumen zu helfen."

„Man sagt, du bist kaum mehr in der Höll zu sehen und ein treusorgender Ehemann geworden."

„Wo ihr Vater auf Geschäftsreise ist, will ich sie nicht alleine die schweren Kisten schleppen lassen, gerade jetzt, wo sie ..." Um ein Haar hätte Mathes sich verplappert.

„Oh, kann man gratulieren?“ Tont hatte den Braten gerochen.

„Andreas, das soll erstmal unter uns bleiben. Das habe ich ihr versprochen.“

„Kannst dich drauf verlassen.“ Tont stippte die Asche von seiner Zigarre in den großen Aschenbecher auf der Theke. „Hast du schon einen Namen?“

„Falls es ein Junge wird, soll es schon mal kein Friedrich und auch kein Wilhelm werden.“

Tont lachte sein dröhnendes Lachen, das Mathes an die Zeit erinnerte, als der Zigarrenfabrikant ein stadtbekannter Sänger gewesen war. „Dann will ich dich nicht aufhalten, sonst läuft dir der Kerl womöglich noch über den Weg und verlangt einen Bückling.“

„Den müsste er sich erstmal verdienen.“ Mathes nahm eine stramme Haltung an. „Du weißt, ich mach’ alles met, wenn et nuren gient de Preißen gieht.“

„Jetzt ist er schon zum dutzendsten Mal hier und du hast ihm immer noch nicht verziehen?“

„Da kann er ruhig noch ein paar Dutzend dranhängen.“

„Und er hat uns eine richtig schöne Basilika beschert.“ Tont tat weiter so, als müsse er Partei für den preußischen König ergreifen.

„Soll er auch mal das Armenhaus besuchen.“

„Und wenn er uns neben der Dampfschifffahrt auch eine Bahnlinie spendiert?“

„Höchstens, um seine Truppen schneller an der Grenze zu haben.“ Mathes hatte sich in Rage geredet. „Eine Kanalisation wäre mir lieber und noch eine Moselbrücke.“

„Du hast ja so recht. Man müsste ihn abknallen“, wechselte Tont trocken die Front.

„Und einen Tag später sitzt der Kartätschenprinz auf

dem Thron, dann kämen wir vom Regen in die Traufe."

„Und ich könnte wieder nach Paris abhauen." Dahin war Andreas Tont im Revolutionsjahr geflohen und hatte von dort fleißig weiter seine politischen Ansichten durch Anzeigen in den Trierer Zeitungen kundgetan. Eine lautete ‚Proletarier-Cigarren mit hervorragend demokratischem Geschmack, die den Hang zur Anarchie befördern'. Erst nach einer Amnestie des Königs war Tont nach Trier zurückgekehrt.

Sobald der letzte Besucher des Tages gegangen war, schloss Mathes ab. Draußen warf er einen prüfenden Blick ins Schaufenster. Dort lagen wie üblich Pfeifen in verschiedenen Längen, Zigarrenkisten, Dosen mit Tabak und Schnupftabak und Accessoires. Das Trottoir davor war frisch gefegt. Hammerschläge waren zu hören. An manchen Hausfassaden in der Brotstraße wurden letzte Arbeiten an den Verkleidungen ausgeführt, Blumenschmuck und Girlanden aufgehängt und Fahnen gehisst. Zum Kornmarkt überspannte ein Triumphbogen aus Eichenlaub die Straße. Diesen Weg sollte der König am Abend zur Gala im Casino nehmen.

Würde ihm doch nur der ganze Krempel auf den Kopf fallen, wünschte sich Mathes, während er seine Schritte beschleunigte und bald nach links in die Hosengasse einbog. Auch hier waren die Fassaden geschmückt. An den Werkstätten der Schneider und bei Pitters Metzgerladen würde der König niemals vorbeikommen, selbst wenn die Straße breit genug für seine Prachtkutsche gewesen wäre.

Immerhin war Friedrich Wilhelm IV. mit Gefolge im vorigen Jahr nach der Besichtigung der Baustelle der Basilika am Kolonialwarenladen von Kathis' Vater am Breitenstein vorbei zum Dom und Liebfrauen gefahren. Was hatte sein

Schwiegervater sich damals ins Zeug gelegt! Die Fassade neu geweißelt, hüfthohen Buchsbaum in großen Tontöpfen auf dem Trottoir drapiert, zwei Flaggen mit dem preußischen Adler an den Fahnenstangen gehisst, die sonst an Fronleichnam zwei weiß-rote Flaggen trugen. Tagelang musste sich Mathes von ihm fernhalten, sonst hätte sich aus seinem unvermeidlichen Kommentar eine Familienkrise entwickeln können.

In den Kisten der Auslagen auf dem Trottoir, rechts und links der Eingangstür zum Laden, lagen nur noch verwelkte Blätter, Lehm- und Sandkrümel.

„Es ging leider nicht eher", rief Mathes, als er in den Laden trat, wo, wie um diese Zeit zu erwarten, keine Kundschaft mehr war. Im Raum dahinter saß Kathi in dem Lehnstuhl hinter dem Schreibtisch, an dem für gewöhnlich ihr Vater die Korrespondenz und Buchführung erledigte. Etwas stimmte nicht, das merkte Mathes sofort. Kathi hatte zwar einen Federkiel in der Hand und ein Blatt vor sich liegen, wahrscheinlich hatte sie sich aufgerichtet, als sie gehört hatte, dass jemand zur Ladentür hereingekommen war.

„Tut mir leid, es ist spät geworden, alle wollten heute noch was vor den Feiertagen kaufen." Mathes stellte den kleinen Rucksack mit seiner Brotdose und der leeren Teekanne ab, die er sich am Morgen mitgenommen hatte.

„Hier war es genauso." In Kathis Stimme lag eine große Mattigkeit. „Der Vater ist auch noch nicht zurück. Das Dampfboot konnte wohl immer noch nicht fahren, weil die Mosel zu wenig Wasser hat. Caroline hat geholfen."

„Geht es dir nicht gut?" Mathes schaute sie prüfend an.

„Ich bin froh, dass du da bist", sagte sie. „Ich wollte den Laden nicht allein lassen."

„Warum hast du denn nicht zugesperrt?“

„Das kannst du ja jetzt machen.“ Sie erhob sich aus dem Stuhl, blieb einen Moment stehen, schloss die Augen und griff sich mit beiden Händen an den Bauch.

„Hast du Schmerzen?“

„Ich bin gleich wieder da, fang schon mal an.“ Seine Frau verließ das Lager durch die Tür zum Treppenhaus.

Als Mathes die Auslagen abgebaut und die Kisten in der Ecke des Lagers neben die zusammengeklappten Stützböcke gestapelt hatte, fegte er den Bürgersteig auf beiden Seiten des spitz zulaufenden Hauses. Er fand Kathi oben in der Wohnung des Vaters. Dort lag sie zusammengerollt auf dem Sofa.

„Hast du wieder ... blutet es?“

Sie nickte. „Aber es ist noch nicht ...“

„Du musst dich schonen.“

„Das mache ich doch jetzt.“

„Seit wann hast du ...“

„Seit heute Morgen.“

„Warum hast du nicht Caroline zur mir geschickt?“

„Der Laden war den ganzen Tag voll. Ich hatte keine ruhige Minute.

Du hast doch auch niemanden, der dich vertritt.“

„Das wäre egal gewesen. Soll ich dir einen Tee kochen?“

Als er später eine Kanne mit frisch gebrühtem Tee auf den Tisch mit den beiden Tassen und der Zuckerdose gestellt hatte, fragte er: „Soll ich den Heinrich holen?“

„Der kann auch nicht helfen.“

„Auf jeden Fall brauchst du Ruhe.“ Mathes schenkte den dampfenden Tee ein. „Wenn du mir versprichst, nicht aufzustehen, erledige ich unten den Rest.“

„Denkst du auch an die Fahne?“

„Mach' ich."

In der Holzkiste auf dem Speicher fand Mathes nur eine preußische Flagge. Angewidert schaute er auf den schwarzen Adler mit dem Schwert und dem Zepter in den Krallen. Er hängte sie an die Seite des Hauses, die zur Basilika zeigte.

Kathi lag, wie er sie vorhin verlassen hatte, auf dem Sofa. Ihre Tasse hatte sie nicht angerührt.

Er zog einen Stuhl heran, setzte sich neben sie und bot ihr die Teetasse an. Sie nahm einen kleinen Schluck. Er fühlte ihre Stirn. Sie war leicht verschwitzt, aber kühl.

„Soll ich dir noch was bringen?" Er nahm ihre Hand. Sonst war sie immer warm, jetzt fühlte sie sich so kühl an wie die Stirn.

„Es geht schon wieder nicht gut", flüsterte sie. „Der Herrgott meint es nicht gut mit uns." Tränen standen ihr in den Augen.

Kathi war, nachdem sie vor vier Jahren geheiratet hatten, zum dritten Mal in anderen Umständen. Beide Male davor hatte sie das Kind in den ersten Monaten der Schwangerschaft verloren.

„Soll ich nicht doch den Doktor holen?" Mathes fühlte sich hilflos.

„Der kann mir auch nicht helfen", wiederholte sie.

„Ist Caroline oben?" Mathes deutete hoch zur Wohnung der Schmalls.

„Sie ist vorhin mit ihrem Mann und den Kindern zur Brück', zum Empfang des Königs."

Das erste Opfer der Revolution hatte es im März 1848 an der Römerbrücke gegeben, dachte Mathes. Ausgerechnet da sollte nun dem König beim Einzug in die Stadt zugejubelt werden.

Nach Jubeln war ihm eh nicht zumute. Er hielt weiter

Kathis Hand und ertrug stumm die Klänge der Musikkapellen und die Hurrarufe, die durch die geschlossenen Fenster gedämpft zu ihnen hereindrangen und so ganz und gar nicht zu der Stimmung in der Stube passten.

*

Mathes war überrascht, als es am frühen Abend an der Wohnungstür klopfte und Dr. Heinrich Rosbach vor der Tür stand.

„Caroline Schmall hat mir Bescheid gesagt", bemerkte sein Freund aus Jugendtagen und ging an Mathes vorbei in die Wohnung.

„Der Doktor ist da", rief er, bevor er die nur angelehnte Tür zum Wohnzimmer aufstieß, den Besucher ins Zimmer führte und sich gleich wieder zurückzog.

„Das wäre doch nicht nötig gewesen." Kathi versuchte, sich aufzurichten.

„Bleib bitte liegen." Der Arzt hängte seine Jacke über einen Stuhl. Der auf den feinen Schnippel gerichtete Blick war ihm aufgefallen. „Zum letzten Hausbesuch der Woche kann man sich ruhig mal etwas schicker kleiden."

„Geht es gleich ins Casino?", fragte sie.

Er nickte, während er sich auf dem Stuhl niederließ, auf dem zuvor Mathes gesessen hatte.

„Und dann kommst du vorher noch bei mir vorbei?"

„Der König muss warten." Bei diesen Worten blieb sein Gesicht ernst. „Was denkst du, in welchem Monat du bist?"

„Im dritten vielleicht."

„Du hast Blutungen?"

„Ich glaube, es ist schon wieder ..." Bei Mathes hatte sie

sich noch im Griff, aber jetzt kamen ihr die Tränen. Sie schaute, ob die Tür geschlossen war. „Es ist vorhin ..." Sie konnte das Schluchzen nicht unterdrücken.

Der Arzt wartete geduldig, bis sie sich wieder gefangen hatte.

„Es ist schon wieder ..." Nochmals versagte ihre Stimme.

Er behielt seinen Blick auf ihrem verweinten Gesicht. „Du kannst wieder schwanger werden."

„Das ist jetzt schon die dritte ..."

Während er nickte, atmete er tief durch die Nase ein. Er drückte ihre Hand. „Wer weiß, wofür es gut ist." Der Arzt hätte gerne etwas Aufmunterndes gesagt, aber Sprüche in der Art von ‚Gottes Wege sind unergründlich' wollte er nicht bemühen. „Es tut mir leid."

Er maß ihr am Handgelenk den Puls, beobachtete dabei seine Taschenuhr. Dann fühlte er ihre Stirn. „Keine Temperatur, Puls ist normal." Der Arzt stand auf. „Versprich mir, die nächsten drei Tage liegenzubleiben."

„Danke, dass du gekommen bist." Sie nickte.

Er zog sich das Jackett an und strich das Revers glatt. „Solltest du nochmal schwanger werden, kann ich nur eines empfehlen. Du müsstest dich von Anfang an schonen, am besten gar nicht arbeiten. Nicht im Geschäft, nicht im Haushalt oder im Garten ..."

„Wie soll das gehen?"

Der Arzt zuckte mit den Schultern. „Sprich mit Mathes und vielleicht auch mit deinem Vater darüber. Ich möchte dich Ende der Woche nochmal sehen. Wenn vorher was ist, weißt du, wo du mich erreichen kannst." Er blickte ihr nochmal in die Augen. „Du musst jetzt nach vorne schauen. Mathes soll dir einen Tee mit Frauenmantel machen, dazu Schafgarbe oder Kamille."

Kurz nachdem Dr. Rosbach gegangen war, kam Kathis Vater zurück, er hatte den Arzt unterwegs getroffen und wusste Bescheid. Er stellte seinen Koffer in der Diele ab, begrüßte kurz Mathes, der in der Küche den Herd nachheizte, und ging gleich zu seiner Tochter in die Stube.

Es dauerte eine Weile bis das Wasser kochte und der frische Tee aufgebrüht werden konnte, dessen Zutaten Mathes aus dem Laden geholt hatte.

Es war still im Zimmer, als er eintrat. Der Vater rückte einen Beistelltisch in Kathis Reichweite. Mathes stellte die Tasse darauf ab, schenkte ein, tat mit dem Löffel, den er aus seiner Hosentasche zog, Zucker hinein und rührte um. Er zog einen zweiten Stuhl ans Bett. Kathi trank in kleinen Schlucken. Der Vater schien sich nur noch mit Mühe wach zu halten.

„Zieh dir doch was Bequemeres an und iss noch was", forderte Kathi ihren Vater auf.

Als sie allein waren, fragte Mathes, ob sie diese Nacht nicht lieber hier bleiben wolle. In ihrem alten Zimmer war noch alles so geblieben wie an dem Tag, an dem sie nach der Hochzeit die Wohnung in der Liebfrauenstraße bezogen hatten. Nachdem Kathi die zweite Tasse Tee getrunken hatte, wünschte sie Mathes mit einer langen Umarmung eine gute Nacht.

*

Am Montag gaben sich die Kunden in Mathes' Laden die Klinke in die Hand. Die meisten kauften zum Tabak, den Stumpen oder den Zigarillos auch eine Zeitung. Schon um elf Uhr waren alle Exemplare der Trierischen Volkszeitung und der Trier'schen Zeitung vergriffen. Je eine davon hatte sich Mathes vorsichtshalber in einer Schublade des Ladentischs zurückgelegt.

Punkt zwölf Uhr schloss er ab. Er hatte Kathi das Versprechen abgerungen, dass sie heute zu Hause blieb und sich außerdem von der Hausarbeit fernhielt.

Beim Gang von der Graben- in die Palaststraße wunderte sich Mathes, wie viele Leute den gleichen Weg nahmen. In der Liebfrauenstraße kam es ihm auf den letzten Metern zu seiner Wohnung so vor, als wäre er in eine Prozession geraten. Links und rechts, vor und hinter ihm waren die Menschen unterwegs.

„Was ist denn da unten los?“, fragte ihn Kathi, als er in die Wohnung kam. Sie saß in der Wohnstube im Sessel am Fenster, von wo sie beobachten konnte, wie der Menschenstrom Richtung Breitenstein strebte.

„Ob es da was kostenlos gibt?“, sinnierte Mathes, während er sich zu ihr hinunterbeugte und ihr einen Kuss gab. „Wie geht es dir?“

„Viel besser, wirklich.“ Ihre Stimme klang fester als in den letzten beiden Tagen. „Ich hätte wirklich kochen können.“

Er reichte ihr die beiden Zeitungen. Durch das offene Fenster drangen die ungewohnt lauten Geräusche von der Straße hoch.

„Und wenn du was Interessantes entdeckst, kannst du es mir ja vorlesen.“

„Du hast noch nicht reingeguckt?“, fragte sie.

„Näh, ich kam noch nicht dazu, heute Morgen war im Laden die Hölle los.“ Er ging nebenan in die Küche und ließ die Tür auf.

Mit feinen Spänen entfachte er ein Feuer im Küchenherd, wartete kurz und schichtete kleine Holzscheite darauf. Währenddessen las Kathi aus der Zeitung vor, wer alles am Samstagabend im Casino aufgetreten war.

„Welche Tanten?“, rief Mathes.

„Traten örtliche Dilettanten auf“, wiederholte sie ihre letzten Worte, die Mathes nicht verstanden hatte, als er die runde Herdplatte über das Feuerloch gezogen und damit die glänzende Oberfläche des gepflegten Küchenherdes wieder geschlossen hatte.

„Der König soll erkältet gewesen sein“, berichtete sie weiter.

„Wo steht das?“, fragte Mathes.

„In der ‚Trierischen‘.“

Mathes schob einen mit Wasser gefüllten Topf auf die Herdplatte über dem Feuer und streute eine Prise Salz hinein.

Seine Mutter hatte ihn die Mehlklöße einstmals aus der Not heraus kochen lassen, als sie sich den Fuß schlimm verstaucht hatte. Er war noch Schüler, höchstens 15 Jahre alt gewesen. Die Schwestern hatten nicht zur Verfügung gestanden. Sein Vater kochte nicht einmal ein Ei.

„Hier steht“, fuhr Kathi fort. „Der königliche Domchor aus Berlin und Frau Hartmann, das ist die Frau vom Direktor der Gewerbeschule, und der Pianist Dunst wären aufgetreten.“

„Das habe ich von Jakob Lintz nicht anders erwartet. Immer auf der Seite der Preußen.“ Als er den Deckel auf dem Topf platzierte, klang es wie der Tusch einer Militärkapelle. „Wenn es darauf ankommt, sind ihm selbst die eigenen Mitbürger nur Dilettanten.“

„Das mit den Dilettanten hätte man auch ein wenig charmanter ausdrücken können“, sagte Kathi. Mathes schenkte sich noch ein wenig Viez in die Porz, bevor er ein dickeres Holzscheit, diesmal durch die Lade in der Front des Herdes, ins Feuer schob. „Und was steht in der ‚Volkszeitung?“

Während Kathi mit der Zeitung raschelte, versuchte Mathes, sich auf die Zutaten zu konzentrieren. Bis das Feuer richtig aufloderte, stellte er Eier, Mehl und Weiße Käs auf den Küchentisch. Dann goss er sich einen kleinen Nachschlag ein und stellte Salz und Pfeffer daneben. Mit den ersten Rauchwolken aus seiner frisch angezündeten Pfeife begann im Herd das Feuer zu prasseln.

Kathi zählte die Persönlichkeiten auf, die den König nach Trier begleitet hatten.

„Der Schönberger ist auch nicht besser als sein Verlegerkollege Lintz."

„Warum?", fragte Kathi.

„Damit hat der Letzte verstanden, was Hofberichterstattung bedeutet."

„Und was ist das genau?", fragte Kathi.

„Genau das, was du mir gerade vorgelesen hast. Die Aufzählung all der Hofschranzen, die um den Fritz Willi scharwenzeln."

Im untersten Fach des Küchenschranks fand Mathes eine passende Schüssel, schlug die Eier hinein und begann, sie mit einer Gabel zu verquirlen.

„Die haben gestern erstmal in der Jesuitenkirche eine Messe gelesen und danach die Basilika eingeweiht", sagte Kathi. „Und vorher gab es noch eine Parade der Garnison auf dem Palastplatz."

„Das war nicht zu überhören", sagte Mathes, während er feststellte, dass die Masse in der Schüssel schön schaumig wurde. Als nächstes schüttete er die Molke vom Weiße Käs hinein und rührte um.

„Die Basilika heißt nun ‚Kirche zum Erlöser'", las sie weiter vor. „Am Sonntagnachmittag gab es ein Festessen im Casino."

„Wäre der Fritz Willi nur daran erstickt!“ Er würzte die Masse und gab nach und nach Mehl in die Schüssel bis der Teig fest genug war. Dabei schien zu viel Mehl in den Teig geraten zu sein, er war etwas zäh und klebte am Löffel. Mathes gab ein wenig Milch dazu.

„Der König musste sich im Casino von seinem Bruder vertreten lassen. Soll ich den Toast von Oberbürgermeister Buß vorlesen?“

„Gott bewahre!“ Mathes grinste. „Sonst brennen mir womöglich noch die Klöß im Wasser an.“

Es klopfte. Kathis Vater kam herein.

„Mathes, du bist doch ein guter Junge!“, rief er, als er seinen Schwiegersohn am Herd hantieren sah. „Wie geht es Katharina?“

„Frag sie selbst, sie sitzt nebenan.“

„Jetzt weiß ich, was ich vergessen habe.“ Kurt Meckel schlug sich an die Stirn. „Das Apfelkompott.“

Mathes gab löffelweise den Teig in das kochende Wasser. Während die Teigballen nach und nach obenauf schwammen, briet er in einer Pfanne mit heißem Griebenschmalz den gewürfelten Speck, den er kurzerhand von der Scheibe aus der Speisekammer geschnitten hatte. Immer ein Auge auf dem Herd, wischte er den Küchentisch sauber und deckte ihn ein.

„Essen ist fertig!“, rief er, als die Schüssel mit dampfenden Klößen auf dem Tisch stand.

„Ich hab‘ Speck ausgelassen“, verkündete Mathes, nachdem sich die beiden gesetzt hatten. „Oder möchte jemand von der vergessenen Äppelschmier probieren?“

Nach dem Essen ließen Mathes und Kathis Vater nicht locker, bis sie es sich wieder im Sessel in der Wohnstube bequem gemacht hatte. Mathes, dem sonst wenig entging, hatte beim Abwasch von seinem Schwiegervater den Grund für die ‚Völkerwanderung' erfahren. Heute und morgen sollte die Basilika für Besucher geöffnet werden. Die Nachricht hatte sich schnell in der Stadt verbreitet. Zumal sie auch in beiden Zeitungen stand.

Zum Nachtisch stellte er Kathi einen Teller mit einer geschälten, entkernten und in vier Teile geschnittenen süßen Pastorenbirne auf die Fensterbank neben den Sessel. Sie bekam nur drei, weil das vierte Stück bereits in seinem Mund gelandet war.

Mathes und Karl Meckel wollten sich die Gelegenheit ebenfalls nicht entgehen lassen. Ab dem Roten Turm standen die Wartenden an der gewaltigen roten Ziegelmauer des Gebäudes entlang bis zum Eingang, der deutlich tiefer als der Exerzierplatz vor dem Kurfürstlichen Palais lag. Nur Schritt für Schritt ging es voran. Wäre er allein gewesen, hätte Mathes den Besuch auf den nächsten Tag verschoben. Immerhin erfuhr er bei dieser Gelegenheit von den Umstehenden, dass der König heute bereits in der Früh nach Nennig weitergereist war, um sich über den aktuellen Stand des dort entdeckten römischen Mosaiks zu informieren.

Die zwei Aufseher am Eingang der Basilika ließen immer nur so viele Besucher hinein, wie aus dem Gebäude herauskamen. Endlich waren Mathes und sein Schwiegervater an der Reihe. Beim Warten hatte er sich die ein oder andere despektierliche Bemerkung zu dem ganzen Brimborium um den – wie er die Basilika bezeichnete – ‚Dom der Evangelen' nicht verkneifen können. Als Mathes endlich am Taufbecken vorbei in den ehemaligen römischen Thronsaal trat, verschlugen ihm die gewaltigen Ausmaße des Raumes dann doch die Sprache. Keine Frage, von außen hatte der Bau bereits riesig gewirkt, aber mit einem so gewaltigen Saal unter einer freitragenden Decke, ohne jegliche Säulen, da konnte kein anderes Gebäude weit und breit, selbst der Dom, nicht mithalten. Auf dem Weg zum Altarraum konnte er nachempfinden, wie es einem Besucher vor zweitausend Jahren ergangen sein mochte. Die gewaltigen Mauern aus unzähligen flachen Ziegeln mit den zwei Reihen hoher Fenster und weit darüber die Decke ließen das Selbstbewusstsein von Bittstellern auf dem Weg zum Thron mit jedem Schritt schrumpfen.

Ganz vorn war der Altar unter einem auf vier Marmorsäulen gestützten Baldachin ringsum mit Kränzen, Stechpalmen und Buchsbäumen geschmückt.

„Die kommen aus einem Steinbruch von Carrara", flüsterte der Schwiegervater. Die beiden gingen in langsamen Schritten am Altar vorbei und hatten auf dem Weg zurück die gewaltige Orgel an der gegenüberliegenden Wand im Blick.

Vor der Tür betrachtete Mathes den links von ihm aufragenden stark lädierten Giebel des auf der rechten Seite angrenzenden ehemaligen Kurfürstlichen Palais. Ein Teil des Gebäudes war abgerissen worden, um Platz für den Eingang zur Basilika zu schaffen. Ehemalige Türen und Durchgänge waren provisorisch verbrettert, Reste der Zwischendecken und des Gebälks ragten heraus. Für ein Palais, auch wenn es als Kaserne genutzt wurde, ein jämmerlicher Anblick.

Mathes stand gerade nicht der Sinn nach hämischen Kommentaren. Er dachte an Kathi, der er gleich von seinem Besuch berichten wollte.

Auf dem Rückweg entdeckten sie in der Reihe der Wartenden viele bekannte Gesichter. Linsenwöllm und Pitter waren dabei, Primaner des Jesuiten-Gymnasiums mit ihren weinroten Kappen. Seit 1848, als er ehrenhalber Mitglied in der Primanerkompagnie geworden war, besaß Mathes selbst eine.

„Die Basilika“, bemerkte er, während er immer wieder Leuten zuwinkte oder ein Nicken erwiderte, „wurde mit unseren Steuern bezahlt, obwohl wir ja gar nicht evangelisch sind.“

„Der Kölner Dom ist ja auch bald fertig“, gab Kathis Vater zu bedenken. „Und der ist katholisch.“

„Es wird auch langsam Zeit, dass die Kölner mal damit vorankommen.“

„Weißt du, wie es in Köln über die Baustelle heißt?“

Mathes schüttelte den Kopf.

„Wenn der Dom fertig ist, geht die Welt unter.“

„Wenn das so ist“, seufzte Mathes, „dann sollen sie sich ruhig noch ein bisschen Zeit lassen.“

Paris, 1867

Meerschaum

Sie hatten eine Weile still auf der Bank gesessen, dem Gesang der Vögel gelauscht und den wunderschönen Park betrachtet. Das laute Tuten eines Schiffes von der nahen Seine schreckte sie beide auf.

„Ich hab' gerade gedacht, dass die wirklich schönen Dinge im Leben eigentlich gar nix kosten", sinnierte Mathes.

Sie nahm seine Hand.

„Ich hab' ja noch die schöne Meerschaumpfeife", fuhr er fort, „aus dem Laden, wo ein Stückchen oben am Rand abgebrochen ist, als ich Doas sie hab' fallen lassen." Er spürte, wie sie den Druck ihrer Hand erhöhte. Das war ein untrügliches Zeichen dafür, dass sie etwas bewegte.

„Acht Francs hab' ich noch. Wieviel sind denn noch in deinem kleinen Beutelchen?"

„Genug."

„Was heißt genug?"

„Genug, um deine Pfeife zu kaufen und meinen Hut und weiter schön zu essen und zu trinken."

„Wie denn das?" Mathes schaute sie verdutzt an.

„Ich hatte noch was zur Vorsicht eingesteckt."

Für einen Moment hatte es Mathes die Sprache verschlagen. „In dem kleinen Beutel?"

„Nein, unter den Einlegesohlen in den braunen Schuhen, die ich hier bisher noch gar nicht getragen habe."

„Dann ist das schon vorbei?"

„Was ist vorbei?", fragte sie.

„Das kleine Abenteuer, das wir gerade erlebt haben ... ohne Geld in einer fremden Stadt."

„Tut mir leid."

„Dass wir nicht mehr pleite sind?"

Wieder drückte ihre Hand fester zu. „Ich dachte, du ärgerst dich, weil ich nichts gesagt habe von dem Geld."

„Ich hatte dich nicht gefragt, wieviel du mitnimmst."

„Aber ich hätte es dir gestern Abend sagen können."

Mathes stand auf und breitete die Arme aus. „Lass dich mal drücken."

„Hier, vor den ganzen Leut?" Sie erhob sich zögerlich.

„Wo denn sonst?" Er nahm sie in die Arme und zog sie ganz fest an sich. „Wir sind doch verheiratet und befinden uns in der Stadt der Liebe." Noch immer ließ er sie nicht los. „Und ich hab' dich immer noch sehr lieb." Dann standen sie einander gegenüber und schauten sich in die Augen.

„Und du bist ein Sonnenschein." Die Worte, die sie wenige Sekunden später leise anfügte, bekam er nicht mehr mit. „Jedenfalls manchmal."

*

Im Zugabteil konnten sie sich die besten Plätze aussuchen, bevor weitere Reisende hinzukamen. Mathes überließ Kathi den Sitz am Fenster in Fahrtrichtung. In der ersten Kurve, in die der Zug beim Verlassen des Bahnhofs fuhr, sah er auf die schwer arbeitende Lok. Eine gewaltige Rauchwolke ausspuckend, mühte sie sich mit rhythmisch stampfenden Kolben, die schon recht schnell drehenden Räder weiter zu beschleunigen. Unaufhörlich fuhren sie an Häusern, Straßen, Hallen und Fabriken vorbei. Hier war die Architektur nicht mehr so prächtig und es gab viel weniger Grün als im Zentrum. Eine ganze Weile später gelangten sie hinaus ins weite französische Land. Die Lok hatte ihren Rhythmus gefunden.

Mathes atmete tief ein, legte den Kopf zurück an die hoch gepolsterte Lehne und genoss das Gefühl, glücklich zu sein. Mit jedem Kilometer, den sie sich auf die Heimat und Trier zubewegten, schien sich das Glück zu verstärken, obwohl er eigentlich keine Steigerung für möglich gehalten hatte.

„Ist dir schon aufgefallen, dass du die ganze Zeit wie ein Honigkuchenpferd grinst?“ Kathi beobachtete ihn von der Seite. „Was sage ich, wie eine ganze Herde von Honigkuchenpferden.“

„Zu denen sich ein Esel gesellt hat.“ Er grinste weiter und streifte mit einem kurzen Blick die anderen Fahrgäste im Abteil, bei denen es sich wohl um Franzosen handelte.

Nach der Hinfahrt musste sich Kathi erst wieder an das hohe Tempo gewöhnen. Immer wieder schloss sie die Augen, um ihr geplagtes Gehirn zu schonen, das nicht mehr nachkam, die vielen Eindrücke zu verarbeiten. Waren sie auch noch so schön, die Blicke auf Weinberge, Felsen, Flussbiegungen, Städte, Dörfer, Felder, Scheunen und frei stehende Güter. Und immer das Schnaufen der Lokomotive und das Rattern der Räder auf den eisernen Schienen. In Reims, wo einige Mitreisende aus dem Zug stiegen, war sie froh, mit Mathes den Platz zu tauschen. Außer ihnen war nur noch ein älterer Herr im Abteil. Obwohl der Fensterplatz gegenüber nun frei geworden war, blieb er neben der Tür in Fahrtrichtung sitzen. Mathes betrachtete eine Weile die Landschaft der dünn besiedelten Region, durch die die Strecke jetzt verlief. Hätte der Zug nicht gepfiffen, wäre er wohl in ein kleines Nickerchen gesunken. So griff er in die rechte Tasche seiner Jacke und nahm ein Etui heraus.

Eine derart schöne Tabakspfeife wie diese war ihm in all den Jahren, in denen er selbst ein Geschäft für Rauchwaren geführt hatte, nicht untergekommen. Alfredo hatte ihm als Zugabe eine Zigarre aus dem Hause Romeo y Julieta geschenkt. Die wollte er sich für eine besondere Gelegenheit aufheben.

„Darf ich mal?“, fragte Kathi.

Er reichte ihr die Pfeife herüber. Sie strich vorsichtig über die beiden Stoßzähne, die vorne aus dem Elefantenkopf der Meerschaumpfeife herausragten. Der silberne Deckel klirrte hell, als sie ihn zuklappte. Mit großer Sorgfalt stopfte er die Pfeife.

„D’accord?“ Er schaute den Herrn fragend an.

„Monsieur, s‘il vous plait!“, antwortete dieser und fischte sich gleich darauf einen Zigarillo aus der Tasche.

Die nächsten Minuten umwehten Rauchschwaden Kathis neuen Hut, den sie gestern bei der Modistin abgeholt hatte und heute zum ersten Mal trug. Durch den geöffneten Spalt im Abteilfenster kam gerade soviel Fahrtwind herein, dass es erträglich blieb.

Trier, 1860

Prinzregent

Ein mächtiges Zischen und Tuten war aus der Ferne zu hören. Durch das Schaufenster beobachtete Mathes, wie Leute auf der Straße stehen blieben und sich suchend umblickten. Er legte seine Pfeife ab und stellte sich in die offene Ladentür.

„Leut, dat Tuten kommt von der Lokomotiv, hinner der Brück." Seine Nachricht schien nicht alle Sorgenfalten aus den Gesichtern der Umstehenden zu vertreiben. „Dat iss der erste Zug, der bei uns ankommt", versuchte er es nochmal. In den letzten Wochen hatte es schon etliche Probefahrten gegeben. So waren die Preußen, es durfte nichts schiefgehen, wenn der Prinzregent Wilhelm im Salonwagen mit allerlei Herzogen und Statthaltern im Gefolge die neue Bahnstrecke von Saarbrücken nach Trier einweihte. Aber keiner dieser Züge hatte bisher so einen lauten Zinnober wie heute veranstaltet.

Nicht lange danach war die Musikkapelle zu hören, die den Einzug des hohen Besuchs in die Stadt begleitete.

Mathes schloss den Laden ab, um sich das Theater nicht mitansehen zu müssen. Links und rechts der Straße hatten sich schon viele Schaulustige eingefunden.

Es waren nur wenige Schritte nach Hause in die Palaststraße, wo sie seit ihrer Hochzeit vor acht Jahren lebten. Mathes und Kathi hatten die im zweiten Stock gelegene Wohnung, bestehend aus Küche mit kleiner Speisekammer, Stube und zwei Schlafzimmern, alle mit Fenstern zur Straße, von der gestorbenen Tante Charlotte übernommen. Diese hatte ihren Mann bei der Choleraepidemie 1832 verloren. Damals war ihr Sohn, das einzige Kind, bereits erwachsen. Er war nach Amerika ausgewandert und man hatte nie wieder etwas von ihm gehört. Tante Charlotte hatte bis ins hohe Alter als Kerzendreherin in Hamachers Wachsfabrik gearbeitet. Zuletzt war sie zu einer sehr emsigen Kirchenbesucherin geworden und kaum einen Gottesdienst im nahen Dom und in Liebfrauen verpasst. Da hatte sie sich wahrscheinlich in den schlecht geheizten Kirchen die schwere Lungenentzündung zugezogen, an der sie gestorben war.

Auf der Suche nach seinen Pantoffeln wurde Mathes erst im Schlafzimmer fündig. Was er noch entdeckte, ließ ihn seufzen. Er hoffte, nicht zu laut, damit Kathi nichts mitbekam. Am Kleiderschrank hing sein Anzug, frisch aufgebügelt, wie es ihm schien.

„Das wirst du dir doch nicht entgehen lassen", hörte er hinter sich eine gut gelaunte Stimme. Seine Gattin trug bereits eins ihrer besten Sonntagskleider und hatte die Haare zurechtgemacht. „Am Viehmarkt wirst du dem Wilhelm auch nicht die Hand schütteln müssen. Der ist beim Galadiner am Kornmarkt."

Noch in Straßenschuhen, die Pantoffeln in der Hand, hatte er die ironischen Zwischentöne genau registriert. Er hatte sich entschieden, den Samstagabend fernab von dem zu erwartenden Getümmel alleine auf der heimischen Couch zu verbringen. Sie würde ausgehen. Sein Argument, dem verhassten Preußischen Herrscherhaus nicht noch mit seiner Anwesenheit die Ehre zu erweisen, würde nicht gelten.

Als es spät am Abend auf dem Viehmarkt hoch herging und die Stadt von einem 500 Mann starken Fackelzug illuminiert wurde, hatte Mathes in prächtigster Feierstimmung längst vergessen, dass er gezögert hatte, zum Volksfest zu gehen. Er hatte mit ‚Gott und der Welt' geschwätzt, so gut wie jeden Besucher gekannt und hätte es sich nie verziehen, nicht dabei gewesen zu sein.

Die gute Laune hielt das ganze Wochenende an. Am Montagmorgen las er im Laden seinem Besucher Linsenwöllm aus der Zeitung vor: „Noch nie haben die Mauern unserer ehrwürdigen Vaterstadt ein so bedeutendes Fest gesehen, wie es von uns gefeiert wurde. Endlich sind wir eingegliedert in den großen Schienenverband, der, so wie er die Entfernung aufhebt, Menschen und Gegenden einander näher rückt durch erheblichen Austausch von Gütern."

„Dat siehn die Schiffer aus dem Kroanen aber ganz anners", spielte Linsenwöllm in seinem kaum verständlichen Kauderwelsch auf die Bedenken der Schiffer auf der Mosel und der Saar an, die wegen der neuen Bahnstrecke nun um ihre Existenz fürchteten. Beim Hinausgehen murmelte der dünne Kerl: „Dein Bruder, der Fritz, hät dat nit anners gesiehn."

Mathes' älterer Bruder Fritz war früher als Schiffer auf der Mosel unterwegs gewesen. Mathes geriet ins Grübeln. Er hatte tatsächlich noch nicht darüber nachgedacht, dass spätestens mit dem Bau der geplanten Bahnstrecke nach Koblenz dieser Zunft ein noch größeres Problem erwachsen würde. Und Postkutschen konnten ebenfalls nicht mehr mithalten.

Da war Linsenwöllm klüger gewesen. Mathes schlug sich an die Stirn. Und er hatte Linsenwöllm, der weder die Kleidung, noch das Geld, noch den gesellschaftlichen Status hatte, am Volksfest teilzunehmen, davon aus der Zeitung vorgelesen. Und ihn obendrein noch daran erinnert, dass er nicht lesen konnte. Mathes schämte sich.

Paris - Trier, 1867

Kuba

Der Tabak war aufgeraucht. Mathes schaute hinaus auf eine Weide, über die eine Herde Kühe stob, wahrscheinlich hatte das Signalhorn des Zugs die Tiere aufgeschreckt. Die weitläufigen Wiesen und Äcker hätten auch auf der deutschen Seite liegen können. Ihr Anblick übte eine beruhigende Wirkung auf ihn aus.

Warm war es in der Halle, brütend heiß. An langen Tischen drehten kaffeebraune Arbeiterinnen edelste Zigarren und hörten den Geschichten der Vorleserin vorne am Pult zu.

„Denke ich an Deutschland in der Nacht, bin ich um den Schlaf gebracht.“ Stammte das nicht von Heinrich Heine, was die Vorleserin mit dem weißen Haarkranz unter dem Strohhut da vortrug? Noch während Mathes darüber sinnierte, betrat ein edel gekleideter Mann den Raum. Es war Andreas Tont, eine dicke Zigarre zwischen den Lippen, die Hände auf dem Rücken, den stattlichen Bauch selbstbewusst nach vorne. Der Tenor wartete, bis die Frau am Pult zu Ende gelesen hatte, nahm die Zigarre aus dem Mund und wandte sich an die Arbeiterinnen. „Meine Damen, schön, Sie so fleißig zu sehen.“ Er blickte in die Runde. „Morgen erwartet Sie ein besonderer literarischer Leckerbissen. Wieder aus dem fernen Allemagnia. Sie hören einen Vortrag von Mathias Fischer, Ordensträger ‚Pour le Meerretich‘, als Lästerer in der Heuschreck-Bütt.“ Die Sirene der Fabrik heulte. Die Vorleserin legte ihre Brille auf das Pult, die Frauen schoben ihre Stühle zurück, was den Boden leicht ruckeln ließ.

Wieder gab es ein Hupsignal. Der Zug rollte über eine Brücke, die sich über eine Wasserlandschaft spannte. Mathes konnte nur schwer die Augen aufhalten.

„Hast du geträumt?", fragte Kathi.

„Die verstehen das doch gar nicht." Mathes hatte sich noch nicht aus dem Traum gelöst.

„Was sollen sie nicht verstehen?"

„Kann ja nicht sein." Mathes winkte ab. „Ich hab' von einer Zigarrenfabrik geträumt, ich glaube, sie war in Kuba." Er schaute aus dem Fenster. „Die Mosel!" Er deutete auf den Fluss, dessen Lauf sie folgten.

„Wie kommst du darauf?"

„Das spüre und rieche ich, und dann sind wir auch bald schon in Metz."

„Und bald in Luxemburg", ergänzte sie seufzend.

„Du klingst nicht sehr begeistert."

„Es hätten ruhig ein paar Tage mehr sein können", sie streckte beide Arme in die Höhe und seufzte.

„Mit der nächsten Reise ..."

„Das hier war unsere erste", sagte sie.

„Mit der nächsten sollten wir nicht so lange warten. Vielleicht mal ans Meer, nach Italien oder so."

„Daran habe ich auch gedacht." Nun lächelte sie. „Der Bodensee wäre fürs Erste auch schon gut. Da hätten wir die Schweiz und Österreich direkt mit dabei."

„Lass uns mal in Trier auf dem Bahnhof nachhören, ob da auch ein Zug hinfährt."

Die Strecken der Eisenbahn schienen dem Lauf der Flüsse zu folgen. Mal verlief die Bahn nahe am Fluss, mal waren nur Zuläufe und Verzweigungen und flache Nebenarme zu sehen.

„Vielleicht gibt es einen Zug zum Mittelmeer, nach Marseille“, meinte Mathes. „Da kommt doch auch ein Teil der Waren her, den wir im Laden haben, Tee, Gewürze und die Kinkerlitzchen und was sonst noch.“

Mit lautem Tuten näherte sich der Zug dem Stadtrand von Metz.

Mathes legte den Arm um Kathis Schulter. „Die Welt steht uns offen!“

Trier, 1867

Holzer

Ein zweirädriger Karren stand am Trottoir vor dem Schaufenster, als Mathes am Nachmittag von einer kleinen Besorgung zurückkam und dabei den Laden allein gelassen hatte. Kathi war nach dem Mittagessen in den Garten gegangen, um die Pflanzen zu versorgen. Im Laden war die Kontur einer hageren, hoch gewachsenen Person zu erkennen.

„Hast du dat nit gesehen?“, beschwerte sich Mathes, während er im Fenster der Ladentür das Schild mit der Aufschrift ‚Bin gleich wieder da‘ abhängte.

„Da stieht doch, dat de gleich wieder hei bas.“ Linsenwöllm deutete auf den Karton in Mathes’ Hand.

„Seit wann kannst du denn lesen?“

„Sonst hätt’s de abgeschloss!“

Mathes nickte. Er konnte dem Dienstmann nicht böse sein und freute sich, ihn wiederzusehen. „Möchtest du einen Zigarillo?“

„Joah.“ Der Besucher schnappte flink zu, als Mathes ihm das Utensil reichte.

„Näh, lass emoal“, wehrte Linsenwöllm das angebotene Schwedenholz ab. „Ich raachen nit mie.“

„Seit wann?“, fragte Mathes überrascht.

„Seit de Sach mat de ...“

„Cholera?“, versuchte es Mathes.

„Mer schmakt den Tubak nit mieh.“ Linsenwöllm schob den Zigarillo behutsam in seine Jackentasche.

„Wat führt dich zu mir?“

„Eijentlich nix.“ Der unrasierte Besucher schüttelte den Kopf.

„Dat ist nit viel.“

„Nummen hören, wie et war loa driewen bei der Notdamm.“ Linsenwöllm beugte sich vor und stützte das Kinn in die Hand. Er verfügte über ein ausgeprägt gutes Gedächtnis, was seine Botengänge anging. In der Regel war er zu den vereinbarten Zeiten beim Kunden. Genauso zuverlässig wurden seine Lieferungen zugestellt. Beim Behalten von Namen hatte er hingegen kein Talent.

„Du meinst Notre Dame.“

Linsenwöllm nickte.

So sehr sich Mathes für den jüngsten Trierer Klatsch interessierte, so gerne wollte er Linsenwöllm von seinem Besuch in der mächtigen Kathedrale erzählen. Er beschränkte sich darauf, vom Hochamt zu berichten, dem sie in der gewaltigen Kathedrale am Pfingstsonntag beigewohnt hatten. Wenn auch nur auf einem Stehplatz im hinteren Teil von Notre Dame, von dem sie kaum sehen konnten, was sich am Altar abspielte. Sein Bericht vom Aufstieg auf den Glockenturm, die schwindelerregende Sicht über die Stadt, die Nähe zu den furchteinflößenden Steinskulpturen auf den Simsen ließen Mathes so in Fahrt geraten, dass er um ein Haar von dem Buckligen erzählt hätte, der auf dem Weg hoch über die schier endlosen Treppenstufen mit leichtfüßig federnden Schritten an ihnen vorbeigehuscht war.

*

Erst vor wenigen Tage waren sie zurückgekehrt. Mathes kam es vor, als sei er schon Millionen Mal, wie es in Trier bei einer Zahl ab drei aufwärts hieß, nach der Reise zur Weltausstellung in Paris gefragt worden. Sein Hang zu Übertreibungen war ihm bewusst. Meist schaffte er es, sich zu mäßigen. Was sie in Paris und bei der Weltausstellung gesehen und erlebt hatten, war an sich spektakulär genug. Nur bei der Schilderung des Verlustes seiner Geldbörse war ihm der Gaul durchgegangen. Aus dem Taschendiebstahl war kurzerhand ein Raub geworden. Dieser hätte ihn neben dem Geld um ein Haar auch das Leben gekostet. Wenn nach den Tätern gefragt wurde, handelte es sich um furchteinflößende, bis zu den Zähnen bewaffnete, überaus kräftig wirkende Kerle. „Das müssen welche von außerhalb gewesen sein." Wie bei seinen sonstigen Berichten ließ er nichts Schlechtes auf die Franzosen kommen. Das leuchtete den meisten Zuhörern ein, schließlich waren Besucher aus aller Welt nach Paris gekommen. Manche stellten Vermutungen über die Nationalität der Räuber an. Ohne viel kriminalistisches Gespür wurde spekuliert, dass es sich um Besucher aus einem der ärmeren Länder der Welt gehandelt haben müsste. Luxemburg wurde dabei noch öfter genannt als die Schweiz.

*

Mit diesem Kunden hatte Mathes jetzt nicht gerechnet. Seit er vor drei Jahren nach dem Tod von Kathis Vater seinen Tabakladen aufgegeben und in den Kolonialwarenladen gewechselt war, hatte Pitter sich hier nicht mehr blicken lassen. Sein Nachbar trug Arbeitskleidung, Stiefel und eine schmutzige Metzgerschürze.

„Ich bräucht en Pund Salz. Dat iss beim Wurstmachen knapp gewen." Er stellte eine Schale auf die Verkaufstheke.

Während Mathes mit einer kleinen Schaufel das Salz aus dem Sack in eine Schüssel auf der Waage beförderte, fragte Pitter: „Wie woar et in Paris?“

„Schön.“ Mathes war auf der Hut. Wer weiß, worauf der den Preußen zugeneigte Pitter aus war. Die Küche im Offizierskasino war guter Kunde der Fleischerei. Im Karnevalsverein Heuschreck wurde Pitter als Spion und Aufpasser gefürchtet. Tauchte in einer Büttenrede eine politische Zweideutigkeit auf, wurde mit verstohlenen Blicken in Pitters Miene zu ergründen versucht, ob der Redner möglicherweise mit einer amtlichen Vernehmung zu rechnen hatte.

„Da gab es die modernsten Lokomotiven aus Sachsen und Baden zu sehen, die waren nicht von schlechten Eltern“, erzählte Mathes mit anerkennender Miene. „Und der Flugkolbenmotor von dem Otto aus Köln, der hat die Goldmedaille gewonnen.“

Wenn deutsche Firmen in Paris ausstellten, konnten die Preußen kaum an der Bespitzelung von zigtausend Besuchern aus deutschen Landen interessiert sein.

„Dat hört ma gern.“ Solch freundliche Worte aus Pitters Mund waren selten zu hören.

„Unn wat gab et noch?“

„Milliunen Kram“, antwortete Mathes, während er das Salz in das von Pitter mitgebrachte Gefäß füllte. Auf dessen Boden lagen alte Salzkrümel. Von den spektakulären Errungenschaften wie dem Fahrstuhl hatten die Trierer Zeitungen berichtet. Blieb noch, das seltsame zweirädrige Gefährt zu beschreiben, das von einem auf der Stange sitzenden Mann mit reiner Muskelkraft bewegt wurde. Um es besser erklären zu können, hatte Mathes eine grobe Strichzeichnung von dem Mobil angefertigt. Diese legte er Pitter vor.

„Michaulette heißt es“, erklärte Mathes. „Da musst du ein Akrobat für sein ... da trittst du drauf.“ Er zeigte auf die zwei Pedale, die er links und rechts der Radnabe des Vorderrades eingezeichnet hatte. „Das hat einer ausgetüftelt."

Pitter beugte sich vor, um besser zu sehen. Mathes roch eine Schnapsfahne. Unter den Augen hatte sein früherer Freund dunkle Ringe.

Seit dem damaligen Konflikt mit Schersach und Pitter waren sie sich, so weit es in einer kleinen Stadt und obendrein als Nachbarn möglich war, aus dem Weg gegangen.

„War bestimmt mal wat anneres?", sagte Pitter.

„Das kann man nicht beschreiben, das muss man selbst erlebt haben. Wollt ihr, du und Bäbbchen, nicht auch mal hinfahren?"

„Mir hann vill ze duhn."

„Man muss sich auch mal was gönnen."

„En Porz Viez is immer drin", sagte er lakonisch und schob Mathes die Zeichnung zurück.

„Ich hätt noch was Feines. Einen Calva, der wird aus Äpfeln gebrannt."

Auch wenn Pitter weiter reglos vor der Ladentheke stand, erahnte Mathes, was sein Besucher wollte. An der Mimik hatte sich seit Kindertagen nichts verändert. Damals waren sie sehr vertraut miteinander gewesen. Wo andere zwei Sätze zur Erklärung gebrauchten, hatten ihnen zwei Worte oder nur eine Geste genügt. Mathes holte aus dem Zimmer nebenan die Flasche und schenkte in zwei Gläschen ein.

Pitter nippte daran, hielt das Glas hoch und betrachtete die Flüssigkeit gegen das Licht. „Wie Viez, nur bissjen röter." Er nahm einen größeren Schluck. „Schmeckt!", bemerkte er, ohne bei dem hochprozentigen Getränk eine Miene zu verziehen oder die Augen zuzukneifen. „Mir müsse mal widder einen zusammen trinken."

„In der Höll", schlug Mathes vor. Er kannte die Stimmungsschwankungen seines ehemaligen Freundes und wollte ihn, wenn überhaupt, sicherheitshalber nur in Gesellschaft treffen, zumal, wenn auch noch Alkohol ins Spiel kam.

„Joa, wenn die Sach vorbei ist."

Mathes schenkte in beide Gläser nach. „Welch' Sach?", fragte er, obwohl er wusste, um welches Problem es sich handelte. Die Messerstecherei Anfang des Sommers in einer Kneipe am Pferdemarkt war Stadtgespräch gewesen. Der Wirt hatte schwere Verletzungen erlitten. Nur der Umstand, dass der ein paar Häuser weiter wohnende Dr. Heinrich Rosbach umgehend einen lebensrettenden Verband anlegte, soll das Opfer vor dem Verbluten gerettet haben. Seither war Pitters Spießgeselle Schersach verschwunden.

„Dat klärt sich aber widder", wiegelte Pitter ab.

Die Polizei hatte ermittelt. Von Schersach fehlte jede Spur. Das Gerücht, der Schneider sei von den Brüdern des Wirts erschlagen und in die Mosel geworfen worden, hielt sich beharrlich. Ob Pitter befürchtete, dass es ihm ähnlich ergehen könnte? Seit der Messerstecherei und dem Verschwinden seines Spießkollegen war er wie ausgewechselt. Der selbstbewusste, nie um einen Spruch verlegene und keiner Konfrontation aus dem Wege gehende Sohn eines der angesehensten Fleischer der Stadt wurde nicht mehr in Gaststätten oder bei sonstigen öffentlichen Anlässen gesehen. Selbst in der Fleischerei hielt er sich nicht mehr vorne im Verkaufsraum, sondern nur noch in der Wurstküche, im Zerlegebereich oder in der Räucherei auf.

Auf die Theke klimperten die Münzen. Pitter hatte den Krug mit dem Salz in seiner fleischigen Hand. „Bis dann."

*

Hatte Pitter ihm den Schutzmann da draußen auf den Hals gehetzt? Das war Mathes' erster Gedanke, als er durch das Schaufenster beobachtete, wie der Uniformierte mit gewichtiger Miene die Auslagen auf dem Trottoir links und rechts der Ladentür musterte. Es schien ihm weniger um den angebotenen Kohl, die Karotten, Bohnen und den Salat zu gehen. Die Gestelle mit den Kisten an sich waren es, die der Mann aus verschiedenen Blickwinkeln inspizierte.

Als Mathes in der Tür erschien, verkündete der Schutzmann in strengem Ton:„Das ist eine klare Ordnungswidrigkeit!" Diesen Polizisten sah er zum ersten Mal.

„Wat meinen der Herr?", fragte Mathes, der mit einer Hand am Ohr vorgab, nicht verstanden zu haben. „Stimmt wat nit, Herr Wachtmeister?" Als Geschäftsmann hatte sich Mathes über die Jahre ein Mindestmaß an diplomatischem Devotismus angewöhnt.

„Laut Straßenpolizeiordnung ist der Abstand der Auslage zur Hauswand deutlich zu groß und ragt damit zu weit ins Trottoir!" Dabei wies der Schutzmann auf die Holzkisten mit der Ware. „Das sind mehr als acht Zoll."

„Dat glauwen ich net."

„Holen Sie doch mal ein Maßband!"

„Dat hann mir grad verliehen."

„Acht Zoll, das sind bei mir genau die Elle und die Hand", der Polizist beugte sich über die Kiste, Ellenbogen und Hand bildeten eine Linie, als er mit der Spitze des Ringfingers die Hauswand berührte. Zwischen dem Ellenbogen und den Rand der Kiste passte etwa eine Handbreit.

Mathes tat es ihm nach. „Bei mir haut et genau hin."

„Aber meine Messung ist entscheidend."

„Seit wann richtet sich das Gesetz nach der Physiognomie eines bestimmten Wachtmeisters?", wechselte Mathes ins Hochdeutsche.

„Weil es bei mir gerade passt. Acht Zoll von der Fingerspitze bis zum Ellenbogen."

„Weil et Euch so passt?"

„Nein, mir passt das gar nicht. Mir wäre es lieber, ich müsste nicht eingreifen."

„Watt dann jetzt?"

„Das hat nichts mit mir zu tun."

„Of eimoal, dat wird ja immer doller. Mir soll die Sach' dann oach egal sinn." Damit machte Mathes kehrt und ging in den Laden zurück.

„Was war denn da los?", fragte Kathi, als Mathes ohne sich umzublicken die Ladentür schloss.

„Erzähl' ich dir nachher." Eiligen Schritts verschwand er im Nebenzimmer.

Kathi beobachtete, wie der Schutzmann ein paar Schritte auf die Ladentür zukam, sich es dann aber anders überlegte und in der Hosengasse verschwand.

„Der Holzer kommt bestimmt wieder", vermutete sie, als Mathes ihr später berichtete, was vorgefallen war.

„Woher weißt du, wie der heißt?"

„Er hat sich mir vorgestellt, vor ein paar Tagen, da hat er auch etwas gekauft."

„Und was war es?"

„Ein Stück Seife."

„Damit kann der sich mal die Ohren waschen, wenn es stimmt, was ich vermute."

Mit dem Maßband aus ihrer Nähkiste stellte Kathi fest, dass die Auslagen links und rechts der Ladentür in der Tat um zwei Zoll mehr als erlaubt ins Trottoir hineinragten. „Nix, mit dem Wachtmeister die Ohren waschen", bemerkte sie zu Mathes, der ein langes Gesicht zog.

Am nächsten Tag hatte Kathi eine Lösung gefunden. Die bereits leicht schräg präsentierten Kisten wurden etwas steiler aufgestellt. Die Korrektur schien dem neuen Schutzmann Holzer nicht entgangen zu sein. Jedenfalls gab es diesbezüglich keine Beanstandung mehr.

*

Nach dem Mittagessen stopfte sich Mathes die neue Meerschaumpfeife und machte sich auf zu einem kleinen Spaziergang.

Auf dem Hauptmarkt stand, umringt von ein paar neugierigen Kindern, der Maler Joseph Mehlbreuer vor der Steipe an der Staffelei. In den Taschen seines ärmellosen braunen Lederwams steckten Pinsel und Tuben. Ein heller Strohhut beschattete sein Gesicht.

„Bist du heil zurückgekommen?“ Der Künstler nahm die Pfeife aus dem Mund, als Mathes sich neben ihn stellte. „Warst du bei Nadar?“

Auf der Leinwand war eine Dame mit einem großen Hut zu sehen, die auf einem Stuhl saß. Mehlbreuer war nun damit beschäftigt, das Gebäude im Hintergrund zu malen. Ein paar Meter weiter stand der verlassene Stuhl, auf dem die Porträtierte gesessen haben musste. Nun war sie wohl auf Stadtbesichtigung und konnte sich das fertige Werk später abholen.

Mathes erzählte begeistert vom Besuch im Atelier und von den berühmten Leuten auf den Fotografien.

Mehlbreuer hörte aufmerksam zu und bestaunte die außergewöhnliche Pfeife. Als Mathes sie ihm reichte, berührte er sie so andachtsvoll wie eine Reliquie.

„Kannst du dir vorstellen, auch mal meine Kathi zu malen?“, fragte Mathes. „Also nicht hier, das wollte sie nicht. Bei uns zu Hause oder im Garten?“

„Natürlich, ich mache dir einen guten Preis.“

„Wäre vielleicht ein Geschenk zu Kathis Namenstag“, sagte Mathes und fügte an. „Falls sie will.“

„Warte nicht zu lange“, sagte Mehlbreuer. „Ich gehe demnächst nach Koblenz.“

„Was willst du denn da?“

„Zum Fotografen umsatteln. Hast ja gesehen, was der Nadar macht, das ist die Zukunft.“

*

Am späteren Abend saß Kathi vor dem Spiegel, der über der Kommode hing. Sie trug bereits ihr Nachthemd, ihr langes Haar war ausnahmsweise offen. Kein einziges graues Haar war darin zu sehen. Sie beugte sich nach vorn und zog die Lampe heran. Ihr Gesicht war nah am Glas.

„Die hab' ich erst, seitdem es wieder mit den Schmerzen losging.“

„Was?“

„Die Falte da.“

Mathes fand, dass solche kleinen Falten ihrem guten Aussehen keineswegs schadeten und sicher nichts im Vergleich zu dem waren, was die Pocken bei Jenny Marx angerichtet haben sollten. Wie viele ihrer Leidensgenossen, sei sie von der Krankheit schwer gezeichnet.

„Falten auf der Stirn sollen auf gesundheitliche Probleme im Unterleib hindeuten“, meinte Kathi.

„Du solltest dir abgewöhnen, immer gleich die Stirn zu runzeln, wenn ich was sage. Davon kann man auch Falten kriegen.“

Als sie nichts erwiderte, wurde ihm bewusst, dass er wieder einmal etwas Unbedachtes von sich gegeben hatte und sie sich nicht ernst genommen fühlte. „Bei Männern sind Falten ja was anderes, die machen sie noch interessanter“, versuchte er es aufs Neue. „Wenn du dann wirklich eine Falte haben solltest, würde die auf dem Porträt von Josef Mehlbreuer keine Rolle spielen. Er arbeitet in der Tradition der Hofmaler.“

Kathis leises Schnaufen ließ ihn ahnen, dass er sich auf dünnem Eis bewegte. „Ein ästhetisches Ergebnis sichert die Gunst des Bestellers und empfiehlt ihn weiter.“

Er zuckte zusammen, als sie ihre zornige Stimme erhob. „Wage es, noch einen Ton zu sagen.“ Sie spannte das Gesicht an, als würden Wutwölkchen aus Nase und Ohren aufsteigen. „Falls dir daran gelegen sein sollte, die Nacht oder ... die nächste Pilzmahlzeit gesund zu überstehen.“

Deutlicher konnte sie ihn nicht spüren lassen, dass er Mehlbreuer so schnell nicht wieder erwähnen sollte. Obwohl der gute Mann im Grunde genommen nun wirklich nichts dafür konnte.

Trier, 1868

Kathi

Mathes trug den Korb mit den Pilzen in seiner linken Hand. Manche davon hatte er entdeckt, bevor Kathi darauf aufmerksam geworden war. Die gute Beobachtungsgabe hatte er seinerzeit von Heinrich Rosbach gelernt, als er ihm beim Sammeln von Pflanzen für dessen Herbarium geholfen hatte. Es waren zwar überwiegend blühende Arten gewesen, aber sein Blick war dabei geschärft worden. Und so fiel es ihm leicht, sein Augenmerk auch auf andere Pflanzenformen und -farben zu richten.

Sie waren zu einem kleinen Buchenwäldchen oberhalb der Ottoscheuer gelangt. Kathi hatte ihren Schal über ihre Ausbeute gelegt, um sie vor neugierigen Blicken zu schützen.

Mit einem dünnen Ast scharrte Mathes im Laub nach darunter verborgenen Pilzen.

Nur noch die kleineren Buchen hielten ihre Blätter und haschten unter den kahl gewordenen Artgenossen nach den letzten Sonnenstrahlen. Der Oktober war sonnig und warm gewesen. Mit dem November kam Kühle und Wind, vor dem sie der Wald schützte.

Für einen Moment blieb Mathes bewegungslos stehen. Keine Vögel waren zu hören, nicht einmal die Schritte von Kathi, die nicht weit weg sein konnte.

Die braunen Kappen der Steinpilze waren kaum vom Laub zu unterscheiden. An dieser Stelle, so nah am Weg, waren heute schon viele Spaziergänger vorbeigekommen und die Aussicht auf einen Fund daher gering.

Auf einer kleinen Lichtung fielen ihm Stängel mit blauen Blüten auf. Einen so spät blühenden Eisenhut hatte er noch nie entdeckt. Das lag wohl an dem milden Wetter. Früher hätte diese Pflanze den Weg in seine Botanisiertrommel gefunden. Giftige Pflanzen faszinierten ihn. Auch bei den Pilzen begegnete er dem Knollenblätter-, dem Fliegenpilz und anderen giftigen Vertretern der Spezies mit Ehrfurcht.

Die Botanisiertrommel beherbergte nun ganz andere, teils ebenfalls sehr giftige Dinge. Nicht weit von hier hatte Mathes vor bald zwei Jahrzehnten zusammen mit Edgar von Westphalen die Box mit Akten, Manifesten und Briefen des demokratischen Wühlzirkels vergraben. Gerade noch rechtzeitig vor den kurz darauf folgenden Razzien und Durchsuchungen der Polizei.

Kathi näherte sich mit einem prachtvollen Exemplar eines Pilzes in der Hand, den er auf den ersten Blick als Steinpilz taxierte. Als er ihn mit einem kleinen Pinsel reinigte, erkannte er seinen Irrtum am Stiel des Pilzes.

„Eine Hexe“, stellte er fest.

Ein Grübchen erschien auf ihrer Wange, als sie lächelnd nickte. Mathes unterdrückte den Impuls, über den Unterschied zwischen einem flockenstieligen und einem netzstieligen Hexenröhrling zu schwadronieren.

„Für heute reicht‘s“, sagte sie.

Bald gelangten sie zu dem schmalen, teils von Felsen überragten Pfad zur Napoleonsbrücke. Hinter der nächsten Wegbiegung blieben sie stehen. Hier öffnete sich eine schöne Sicht über die Stadt mit ihren vielen Kirchtürmen, aus denen der Dom und die Basilika herausstachen.

„Was denkst du?“ Kathi hakte sich an seinem freien Arm unter.

„Ich freue mich."

Sie machte einen kurzen Zwischenschritt, um mit ihm in Gleichschritt zu gelangen. Mathes blieb abrupt stehen. Kathis Schwung ließ sie an seinem Arm einen Halbkreis auf ihn zu machen. Er legte seinen Arm um sie und küsste sie auf den Mund.

„Worüber freust du dich?" Sie sah verstohlen auf den Weg hinter sich, wo in größerem Abstand eine Familie mit Kindern und Hund folgte.

„Über dich, unsere Pilzausbeute, das Wetter und den Sonntag."

Sie stießen auf den Mühlenweg, der unter der Napoleonsbrücke hindurch nach Pallien führte.

*

Es war lustig, wie ungelenk er ihr noch immer an Bord half, wenn sie vom Steg auf das Boot stieg, das als Moselfähre von Pallien nach Zurlauben diente und ihnen den langen Umweg über die Römerbrücke ersparte. Die Erinnerung an das längliche Blechgefäß, das er, als sie sich kennenlernten, bei Ausflügen in den Wald stets mit sich geführt hatte, ließ sie schmunzeln. Der Ton, den dieses als Botaniesiertrommel bezeichnete Ungetüm erzeugte, wenn es beim Gehen regelmäßig an Mathes' damals knochige Hüfte schlug, klang ihr noch in den Ohren. Mit ihrem Verschwinden waren auch Mathes' Bestimmungen von Pflanzen mit ihren deutschen, manchmal auch lateinischen Namen nur noch selten zu hören. Er schien sich aufrichtig der Pilzkunde zugewandt zu haben, obwohl er anfangs behauptete, sie nur zu begleiten, um die Wildschweine zu vertreiben. Dabei hatte sie überhaupt keine Angst vor Wildschweinen.

Nachdem sie auf einer Holzbank mit dem Rücken zum Wasser Platz genommen hatten, beobachtete sie, wie mehr und mehr Menschen zustiegen. Bei mancher Dame verriet die Kleidung, dass sie von einem Ausflug ins Wettendorf-Häuschen kam. Aus dem Augenwinkel sah Kathi, wie Mathes jeden neuen Passagier freundlich begrüßte. Egal, um wen es sich handelte.

Der Fährmann traf schon Anstalten zum Ablegen, als ein lauter Ruf zu hören war. Mathes wandte sich Kathi zu und murmelte. „Der hätte nicht warten müssen."

Ein blank gewichster Stiefel setzte fest und laut auf das Holz des Bootes auf, ein zweiter folgte, kam, nachdem der erste sich gedreht hatte, mit einem festen Tritt exakt daneben zu stehen. Auf dem Steg hatte eine elegante Dame gewartet und ließ sich nun von ihrem uniformierten Galan an Bord helfen und zu den letzten beiden freien Plätzen geleiten. Statt zu grüßen, lupfte Mathes den Schal über dem Körbchen und schaute so interessiert hinein, als verberge sich darunter etwas sehr Geheimnisvolles.

Zuhause ließ Kathi ihre Schuhe an der Eingangstür stehen. Am Rinnstein entfernte Mathes den getrockneten Waldboden von seinen Schuhen und säuberte Kathis Schuhe ebenfalls. Auf Socken stapfte er die Treppe hoch. In der Küche knisterte schon Feuerholz im Herd.

Gemeinsam hatten sie die Pilze schnell geputzt, und während ein Teil davon in der Pfanne brutzelte, schnitt Mathes die restlichen in Streifen, um sie auf einem Backblech auszubreiten, das zum Trocknen in den leicht angeheizten Backofen geschoben wurde.

Die frisch gebratenen Pilze schmeckten auf den mit Griebenschmalz bestrichenen Brotscheiben vorzüglich. Dazu trank Mathes eine Porz kühlen Viez. Als Kathi in ihr Zimmer ging, um sich umzuziehen, gönnte sich Mathes zur Pfeife noch eine weitere halbe Porz.

*

Am späten Montagmorgen sah Mathes, wie der neue Schutzmann aus ein paar Metern Entfernung das Haus in Augenschein nahm. Das linke Auge geschlossen, mit dem rechten peilte er über den hochgereckten Daumen der Hand.

„Herr Wachtmeister, darf ich fragen, wat dat gewen soll?" Mathes hatte nicht widerstehen können, hinauszugehen.

„Kann sein, dass Ihr Haus abgerissen wird."

„Wie dat auf einmal?"

„Die Stadt Trier begradigt die Straßen und hier, an dieser Stelle steht ..."

„Dat gab et doch scho su lang, doa woard Ihr doch noch gar net op der Welt."

„Was hat das denn mit dem Beschluss des Stadtrates zu tun?"

„Wat meint Ihr mit Beschluss?"

„Deswegen bin ich hergekommen. Also, im Zuge der Begradigung der Straßen muss zumindest der Erker abgerissen werden. Der geht über zwei Stockwerke, was womöglich überlegenswert erscheinen lässt ..."

Mathes zog die Taschenuhr aus seiner Westentasche. „Ich muss jetzt focht zu einem wichtijen Termin."

„Hat das nicht noch einen Moment Zeit?"

„Näh, Herr Wachtmeister, dat tut mir leid, ich muss zum Präsidenten."

„Zum Regierungspräsidenten?", fragte der Schutzmann.

„Nee, zu zwei anneren!"

„Dann helfen Sie mir mal auf die Sprünge."
„Dat sinn Präsidenten von den Heuschrecken!"
„Wollen Sie mich auf den Arm nehmen?"
Mathes trat einen Schritt zurück und taxierte den leicht fülligen Mann.
„Nee, dafür iss mei Ricken nit mehr gut genuch."
„Das gibt eine Anzeige wegen Beamtenbeleidigung!"
„Weil ich Sie nit hochheben will?"
„Nein, wegen dem Präsidenten von den Insekten."
„Von de Heuschrecken."
„Genau."
„Die könn en bös Plach sinn."
„Als Protestant kenne ich die biblischen Plagen."
„Ich muss." Mathes deutete auf seine Taschenuhr.
„Wie bitte?"
Mathes war schon schnellen Schrittes an dem Schutzmann vorbei in Richtung Liebfrauenstraße unterwegs und winkte, ohne sich umzublicken, mit erhobener Hand.
„Das hat ein Nachspiel!", rief ihm Holzer hinterher. Einige Passanten waren stehen geblieben und hatten vergnüglich dem Schauspiel gelauscht. Nun gingen sie weiter, manche versuchten ihr Lachen hinter der vorgehaltenen Hand zu verbergen. Während der Polizist überlegte, den unverschämten Kolonialwarenhändler zu verfolgen und zur Wache abzuführen, kam dessen Ehefrau aus dem Laden.
„Herr Wachtmeister!" Sie lächelte ihn freundlich an. „Sie hatten nach einer Creme für Ihren Bart gefragt. Ich habe jetzt was reinbekommen, die können Sie gerne mal ..." Sie hielt ihm auf der flachen Hand einen Tiegel entgegen.
„Das kann und werde ich mir von Ihrem Mann nicht mehr bieten lassen!", schnaubte Holzer mit puterrotem Gesicht. Wollte Frau Fischer ihrem Mann mit diesem Ablen-

kungsmanöver einen Vorsprung verschaffen?

„Die Creme wird in höchstem Maße gelobt und duftet obendrein sehr gut. Ich habe Ihnen ein kostenfreies Pröbchen abgefüllt."

„Ist das ein Bestechungsversuch?"

„Keineswegs." Sie hielt ihm weiter den Tiegel entgegen.

Holzer schaute sich dezent um, während er im Vorbeigehen mit der linken Hand nach dem Tiegel griff und mit zwei Fingern der rechten Hand an die Pickelhaube tippte.

*

Ebenso schnell wie die Schmerzen im Unterbauch verschwunden waren, hatte Kathi sie vergessen. Wenige Monate nach der Rückkehr aus Paris kehrten sie, erst zart, dann immer deutlicher zurück. Der Spätsommer war unerbittlich. Die Hitze hielt sich im Moseltal bis in die Nacht. Beim Aufstehen fühlte sich Kathi oft so schwach, als habe sie eine fiebrige Nacht hinter sich. Beim Frühstück musste sie sich überwinden, eine halbe Scheibe Brot, nur ganz dünn mit Butter bestrichen, zu essen. Die Kruste schnitt sie ab.

Manchmal öffnete Mathes dann den Laden alleine. Wenn sie da war, achtete er darauf, dass sie keine schweren Lasten hob und überredete sie am Nachmittag, wenn es im Laden ruhiger wurde, sich oben in der Wohnung auszuruhen. Auf keinen Fall sollte sie Hausarbeiten erledigen.

Es dauerte ein paar Wochen, bis sie Dr. Rosbach aufsuchte. Der Arzt nahm sich Zeit, stellte ihr Fragen. Einige davon waren unangenehm. Es fiel ihr schwer, dem Mann, der mit Mathes gut bekannt war, ihre ganz intimen Probleme und persönlichen Lebensumstände anzuvertrauen. Für einen Moment schien es ihr sogar, dass der Arzt ausschließen wollte, ob eine späte Schwangerschaft vorlag.

„Liebe Katharina, bitte versuche dich wenigstens mal für ein paar Wochen zu schonen“, bat er sie abschließend und schaute sie eindringlich an.

„Ich spreche mit Mathes.“

„Versprichst du mir das?“ Er streckte ihr die Hand entgegen.

„Versprochen.“ Sie gab ihm die Hand drauf.

Kathi befolgte die Ratschläge des Arztes. Caroline Schmall, ihre Mieterin seit vielen Jahren, die längst zur Freundin geworden war, half im Laden und Haushalt. Wenn sie für ihre beiden Söhne und ihren Mann kochte, bereitete sie hin und wieder zwei weitere Portionen für Kathi und Mathes zu.

Während der Hausarbeit in der Wohnung ergab es sich, dass sie dem lernwilligen Mathes, der ihr erzählt hatte, ein wenig kochen zu können, zeigte, wie man Quellmänner mit Weißem Käs zubereitete. Auch bei der Linsensuppe mit Hackfleischeinlage stellte er sich, jedenfalls für einen Mann, recht geschickt an. Eine Gemüsesuppe war das Nächste gewesen, was Mathes zuzubereiten lernte. Zuhause hatte seine Mutter in der Küche das Zepter fest in der Hand gehalten. Die Rezepte schienen zum Herrschaftswissen der Köchin zu gehören. Bei Caroline Schmall war das anders. Der Umstand, als Mutter von zwei Söhnen nicht zwangsläufig die Haushaltsaufgaben an Töchter abgeben zu können, ließ sie Mathes ohne Zögern an ihren Kochkünsten teilhaben. Nie hörte er ein tadelndes Wort. Sie verstand es, ihn zu ermuntern.

*

Die Bilder an den Wänden der Wohnung hatte Mathes schon lange nicht mehr angeschaut. Kathi hatte sie zu Schulzeiten gemalt. Nach vielen Jahren betrachtete er nun ein Stillleben intensiv aus der Nähe. Die Blumen in der Vase stammten aus der heimischen Region. Vor dem Bild mit dem Motiv der Basilika als Ruine rückte er seine Brille gerade.

„In der gleichen Haltung hast du in Paris vor den Bildern gestanden.“ Kathi war hereingekommen. Sie hatte nebenan geruht und wirkte noch etwas benommen.

„Die Basilika sieht heute ganz anders aus“, meinte Mathes und deutete auf das Bild.

„Da war sie noch nicht umgebaut.“ Sie fuhr mit dem Finger über das Dach. „Sie hatte noch einen Zinnenkranz und die oberste Reihe der Fenster fehlte.“

„Jetzt, wo du es sagst, fällt es mir auch auf“, sagte Mathes. „Wann hast du es gemalt?“

Sie überlegte: „Das müsste Anfang der vierziger Jahre gewesen sein.“

„Da warst du zwanzig.“

„Noch nicht ganz.“

„Warum hast du nicht weitergemalt?“

„Der Laden und der Haushalt.“ Sie zuckte mit den Schultern. „Dafür war dann einfach keine Zeit mehr.“

Während sie in der Küche einen Tee aufsetzte, nahm Mathes die an einigen Stellen angestoßene, ausrangierte Porz aus dem hinteren Teil des untersten Fachs des Wohnzimmerschranks. Zum Trinken nicht mehr zu gebrauchen, zum Wegwerfen zu schade. Über dem Rand der Porz entfaltete sich ein kleiner Strauß von Pinseln mit Borsten in verschiedenen Größen. Mal rund, mal breit, lang oder kurz, hell oder dunkel. Er strich mit dem Finger darüber. Die Haare waren spröde, teils verklebt und hart.

Am nächsten Tag traf er Mehlbreuer auf dem Hauptmarkt an. Diesmal hatte der die Staffelei vor dem Marktbrunnen aufgestellt. Die Figur des Petrus an der Spitze und zwei der Tugenden waren bereits auf der Leinwand zu erkennen. Es schien sich um eine Auftragsarbeit zu handeln. Jedenfalls gab es keinen Stuhl, auf dem sich ein Kunde zum Porträtieren hätte niederlassen können.

Mathes unterließ es geflissentlich zu erwähnen, wie Kathi auf sein Angebot reagiert hatte, sich von dem Maler porträtieren zu lassen. Mehlbreuer lebte nur wenige Häuser entfernt in der Hosengasse.

Als er ihn fragte, ob er ihm bei der Besorgung von Malutensilien für Kathi helfen könne, erkundigte sich Mehlbreuer sogleich, was er denn benötige.

„Ein Dutzend Leinwände in verschiedenen Größen?"

Mathes nickte.

„Verschiedene Pinsel", fuhr der Maler fort. „Katzenzungen, Dolchschlepper, Stupspinsel, Universal- und Firnisspinsel." Bei jedem streckte er einen Finger in Luft. „Bevorzugst du ein bestimmtes Material? Es gibt welche mit Haaren vom Marder, Pony, von Rindsohren oder Schweineborsten."

„Das weißt du besser."

„Wie sieht es mit einer Staffelei aus?"

„Da steht noch eine, glaub ich, auf'm Speicher", sagte Mathes. „Farben bräuchte ich auch noch."

„Da gibt es neuerdings Ölfarben in Tuben, die werden zusammengedrückt und wieder verschlossen. Da vertrocknet nix."

Mehlbreuer versprach, die notwendigen Utensilien zusammenzustellen, die die Summe, die Mathes vorschwebte, nicht übersteigen würde.

*

Mathes lehnte neben der Warenauslage an der Hauswand, genoss die Züge aus der Pfeife und schaute die Straße hinunter, wo noch einige Frauen, Körbe unter dem Arm, ihre Einkäufe für das Mittagessen nach Hause trugen.

Um die andere Ecke des Hauses bog Schutzmann Holzer. Vor der Ladentür hielt er inne, als er Mathes erblickte.

„Haben Sie die beiden Präsidenten noch pünktlich getroffen?“, erkundigte er sich. Der Polizist schien erfahren zu haben, dass es sich bei den Heuschrecken um einen Trierer Karnevalsverein handelte.

„Ich habe sie aufgesucht.“ Mathes nickte.

„Was heißt aufgesucht?“

Mathes war heute nicht dazu aufgelegt, den Schutzmann darüber aufzuklären, dass die beiden Herren auf dem Hauptfriedhof ruhten.

Während er sich mit dem Rücken zu Holzer an den Auslagen zu schaffen machte, nuschelte er etwas Unverständliches. Dabei kam der Polizist näher und beugte sich, mit einer Hand den Helm festhaltend, nach vorne. „Hier ist ja das Pflaster ausgewaschen!“

„Wuuh?“

„Da!“ Der Schutzmann tippte mit einem seiner akkurat geputzten und gewienerten Schuhen auf's Trottoir. „Die Dachrinne hat im Auslass zu wenig Winkel.“ Der Mann machte den Rücken gerade und verkündete mit leicht schnarrender Stimme: „Straßenpolizeiordnung,

Paragraph 2b. Kandel müssen unten eine Biegung haben und dem Pflaster nicht nachteilig werden." Mit strenger Miene deutete er auf die beanstandete Stelle. „Das sollten Sie schleunigst in Ordnung bringen, bevor sich hier noch jemand verletzt."

„Ich hann et doch schon verfucht", rechtfertigte sich Mathes. Ausgerechnet an dieser Stelle fehlten zwei Pflastersteine, die im Keller als Ballast auf den Brettern des Sauerkrauttopfs lagen. Er hatte sie längst durch einen Ziegelstein ersetzen wollen.

„Kein Grund, auch noch gotteslästerlich zu fluchen!"

„Ich hann gar net geflucht, Herr Wachtmeister. Ich hann verfucht gesagt, so heißt et hei bei uns, wenn ma den Lehm zwischen dat Pflaster schmiert."

„Das habe ich anders verstanden", beharrte der Schutzmann.

„Dafür kann ich nix. Ihr scheinst nit mieh so gut zu hören. Ward ihr Kanonier beim Kommiss?"

„Das wird in Ordnung gebracht!" Der Polizist schien Mathes' Frage geflissentlich überhört zu haben. „Aber es gibt einen ganz anderen Grund, weswegen ich Sie aufsuche."

Mathes klopfte seine Pfeife am Absatz seines Schuhs aus und machte Anstalten, zurück in den Laden zu gehen. „Eigentlich passt es mir gerade ..."

„Dann muss ich Sie zur Wache abführen", schnitt der Polizist ihm das Wort ab. „Es liegt eine Anzeige vor!"

„Gegen mich?"

„Das möchte ich mit Ihnen klären." Der Schutzmann deutete an der Hauswand nach oben. „Befinden sich dort Ihre Wohnräume?"

Mathes nickte.

„Der Herr Dompropst hat sich persönlich auf der Wache beschwert, dass er heute Nacht vor diesem Haus von einer Flüssigkeit getroffen wurde, die gesetzwidrig aus einem der oberen Fenster geschüttet wurde."

„Wat micht den Duumpropst denn noch su spät op der Stroaß?" Mathes schüttelte missbilligend den Kopf.

„Also kennen Sie die Uhrzeit, zu der sich der Fall zugetragen hat?"

„Naan, ich kann et mir bluuss vorstelle."

„Der Mann hat Anzeige erstattet!"

„Dat iss sein gut Recht." Mathes nickte.

„Sie räumen ein, dass der Dampfboots im Recht ist?"

„Dat denken ich scho."

„Und geben Sie zu, der Verursacher der Verschmutzung zu sein?"

„Im Lewen nitt, dat muss en anderen gewesen sein."

„Ihr Mieter von obendrüber?"

„Den macht sowat och net", antwortete Mathes. „Außerdem beschuldige ich doch kein Leut, besonders, wenn ich feste geschlof und nix gesiehn hann und erst recht nit bei der Polizei."

*

Durch die offen stehende Ladentür waren ein in den Ohren schmerzendes Quietschen von Reifen und schwere Schritte zu hören. Wochenlang hatte sich Linsenwöllm nicht mehr im Laden blicken lassen. Mathes hatte befürchtet, er wäre wieder krank geworden. So hager, wie er ihm beim letzten Treffen vorgekommen war, schien er immer noch nicht voll bei Kräften zu sein.

Und tatsächlich war es der Dienstmann, der, den Oberkörper weit nach vorne gebeugt, einen voll mit Säcken beladenen Leiterwagen hinter sich herzog.

Als er keine Anstalten machte, anzuhalten, rief ihm Mathes von der Tür her zu: „Hast de schon die Sach' von dem Dompropst gehört?“ Für Tratsch aus dem klerikalen Milieu war Linsenwöllm eigentlich immer zu haben. Wie erwartet hielt er ein Stückchen weiter den übers Pflaster holpernden Karren an und kam zur Ladentür.

Mathes berichtete ihm von der Anzeige des Dompropstes, weil er mitten in der Nacht mit einer Ladung aus dem Pisspott begossen worden sei, verbunden mit der Frage, was der Geistliche zu so später Stunde auf den Straßen zu suchen gehabt habe.

„Den woar unterwegs“, stellte Linsenwöllm fest.

„Und wohin?“, fragte Mathes.

„Et iss doch nit verboden, wenn en Dumpropst noachts unnerwegs iss.“

Mathes beobachtete, wie eine ältere Frau nebenan die Salatköpfe in den Kisten inspizierte und dabei die Ohren spitzte.

„Aber es gehört sich nicht für einen Mann Gottes.“ Mathes hatte den Zeigefinger gehoben.

„Den hatt en gude Grund.“

„Und der wäre?“

„Zu ner Ölung, ner letzten Ölung“, konkretisierte Linsenwöllm.

„Doch nicht mitten in der Nacht?“

„Gestorwen wird immer, den Duut legt sich och noachts nit op et Ohr!“ Mit diesen Worten schlurfte er zu seinem Karren zurück, hob die Deichsel an und zog das schlecht geölte und nun noch entsetzlicher quietschende Gefährt weiter.

*

Kaum war das Quietschen verklungen, ertönte Hufgeklapper, offensichtlich von einem Reiter, der im Galopp unterwegs war. Gleich darauf wurde die Ladentür aufgerissen. Sporen klirrten hell, als ein älterer Herr in kerzengerader Haltung den Laden betrat.

Wie bei manchen Leuten, die er über Jahre nicht mehr gesehen hatte, dachte Mathes ‚ach, der lebt noch', als er Felix Müller, den ehemaligen Chef der Polizei und altgedienten preußischen Soldaten erblickte. Nach der Dienstzeit war er auf sein Weingut in Wiltingen an der Saar umgezogen.

„Welch seltene Ehre!", begrüßte Mathes mit scheinheiliger Miene den unbeliebten Mann, der ihm mal zu einer verdrießlichen Nacht im Gefängnis in der Windstraße verholfen hatte.

„Guten Tag, Herr Fischer", grüßte der Mann und versuchte ebenso vergeblich einen freundlichen Gesichtsausdruck. „Mir ist nach einer guten Zigarre. Bin ich da bei Ihnen richtig?"

Mathes ratterte seine üblichen Erläuterungen herunter, die er für Kunden parat hatte, bei denen er sich keine größere Mühe geben wollte. Es dauerte auch nicht lange, bis sich der Besucher, der die Reitgerte neben die Auslage auf den Ladentisch gelegt hatte, für eine einzige Zigarre aus einer unteren Preisklasse entschied, von denen er sich angeblich weitere kaufen wollte, sollte sie ihm geschmacklich zusagen.

Als Mathes sie abkassierte, verpackte und dem Kunden überreichte, hätte er vorher am liebsten ein paar Haare von dessen Gaul eingedreht, um dem Preußenfreund die Lust am Rauchen zu vergällen.

Statt zu gehen, senkte der ehemalige Polizeichef seine Stimme: „Ich hätte da noch ein kleines Anliegen, das ich gerne mit Ihnen persönlich besprechen möchte." Dabei schaute er auf die Tür zum Nebenraum.

„Ich hann nix zu verbergen!", entgegnete Mathes.

„Dann lassen Sie uns wenigstens vor die Tür gehen." Müller steckte sich die Zigarre in die Brusttasche seiner Jacke.

Mathes folgte ihm zögerlich nach draußen, wo der ehemalige Polizeichef seinem an einen eisernen Ring am Haus angeleinten Rappen den Kopf tätschelte.

„Mein Anliegen betrifft den Wachtmeister Holzer."

„Sind Sie dienstlich hier?" Mathes stellte sich dumm.

„Nein, es ist mir nur ein persönliches Anliegen, der Mann ist neu in der Stadt und kennt sich ..."

„Wat hat dat dann mit Ihnen zu tun?"

„Nichts."

„Aha."

„Ich möchte nur vermitteln. Holzer kennt sich mit den örtlichen Gepflogenheiten und dem Dialekt nicht so gut aus wie wir beide als Trierer."

„Jesses, Maria!" Mathes fasste sich an die Stirn. „Jetzt meinen die Soarlänner schon, sie wären Trierer!"

„Ich muss doch sehr bitten."

„Habt ihr das Wasser umgeleitet? Liegt Wiltingen nit mieh an der Soar?"

„Wer an der unteren Saar wohnt, ist noch längst kein Saarländer!"

Mathes schien den wunden Punkt des ehemaligen Polizeichefs getroffen zu haben. „Und mir liehen an der Musel und sinn dann och kein Muselaner?"

„Das ist doch was anderes."

„Kriegen dat nun och per Gesetz oktroyiert?“

„Was?“

„Dat mer uns nit mehr Muselaner nennen dürfen?“

„Das kann man doch nicht vergleichen, das ist Unsinn!“

„Aber wenn de Kästen mit Gemüs en Zentimeter zu weit von der Budike abstehen, den Kondel ziehn Groad zu wenig krumm iss, dafür gitt ett vernünftig Gesetze?“

„Das sind Verordnungen und um die kümmert sich mein geschätzter Kollege, Herr Wachtmeister Holzer.“

„Ach, gieh mer fort.“ Mathes winkte ab und steckte die Hände in die Hosentaschen. „Euer Verordnung, die broacht kei Mensch!“ Mit dem rechten Schuh beförderte Mathes eine schrumpelige Zwiebel vom Trottoir auf die Straße. „Und denkt an die Straßenpolizeiordnung, Absatz 6, Pferde auf öffentlichen Straßen sind im sanften Tritt zu führen.“ Er hob mahnend den Zeigefinger. „Kein Galoppieren!“

Trier, 1868

Rosbach

Vorhin hatte die Lumpenglocke von St. Gangolf geläutet, die Geräusche der Stadt verstummten nach und nach. Die Sonne war hinter dem Markusberg auf der anderen Moselseite verschwunden und strahlte noch die hohen Wölkchen an. Kathi und Mathes saßen auf der Bank in ihrem Garten und hörten den Vögeln zu, die auch noch nicht schlafen gehen wollten. Die meisten von ihnen hatten bereits gebrütet und ihren Nachwuchs soweit, dass er nun flügge war.

Eng beieinander lauschten sie der singenden Amsel, der von fern geantwortet wurde, und den Vogelstimmen ringsum, die, mal lauter, mal leiser, mal melodisch, mal pfeifend, in den Chor einstimmten.

Das erinnerte sie an das Konzert eines tschechischen Orchesters im Park der Weltausstellung. Nach den ersten Tönen hatten rundum Vögel eingesetzt, als wäre ein Teil des Orchesters ein Stockwerk höher auf den Bäumen platziert. Die Musiker schienen anfangs irritiert, aber der Gesang der Vögel fügte sich in die Melodien, wurde eins mit den Klängen der Instrumente.

Nach und nach gaben die Schwalben den Himmel für die Fledermäuse frei, die nun lautlos flatternd die Baumwipfel in Kreisen umkurvten. In der Ferne bellte ein Hund, Hufe klapperten und die Räder eines Karrens rumpelten. Die leiser werdende Vogelschar sang die letzten Melodien, bevor die Köpfe im Gefieder verschwanden.

Achtzehn Jahre waren sie nun verheiratet. Kathi kam es vor, als seien es nur halb so viele gewesen. Sie hatte diese Zeit als viel zu selbstverständlich hingenommen, als würde es immer so weitergehen und vieles gar nicht bewusst wahrgenommen. Das hätte sie vielleicht tun sollen. So aufmerksam wie sie nun die beiden Glühwürmchen beobachtete, die sich wie zwei Augen näherten und dann voneinander entfernten und fast gleichzeitig erloschen. Warum taten sie das? Weil es zu ihrer Natur gehörte? Weil sie es tun mussten oder weil ihnen einfach danach war, in ihrer ganz eigenen Lebenswelt, die nicht von Ladenzeiten, Pflichten und Gewohnheiten, Religion, Moral und vielem anderen bestimmt war?

Viele Lebewesen hatten keine Wahl, sie mussten mit dem Ort vorlieb nehmen, an dem sie geboren wurden. Ihnen hatte die Welt offen gestanden. Auch wenn sie nicht im Ausland, in Paris oder gar im fernen Amerika hätte leben wollen, so klang es doch verlockend, von Weimar zu hören, der Stadt der Dichter und Denker, oder von Wien, mit der sie wunderschöne Musik verband.

Wenn es auch nicht der Nabel der Welt war, so hatte sie in Trier eigentlich alles, was sie sich wünschte.

Mit der zunehmenden Dunkelheit war es auf einmal sehr still geworden. Am Himmel zeigten sich weder Mond noch Sterne. Mathes und Kathi standen gleichzeitig von der Bank auf und gingen schweigend, Hand in Hand, zur Stadt zurück. So nah beieinander wie vorhin die beiden Glühwürmchen.

Ihr gemeinsames Schweigen in der letzten Stunde war beredsamer als das, was sie sich in den letzten Tagen erzählt hatten.

*

Immer häufiger konnte Kathi morgens nur mit Mühe aufstehen und die Wohnung den ganzen Tag über kaum mal verlassen. Kleine Hausarbeiten, ein wenig Zeichnen oder Malen, Unterstützung beim Führen des Kassenbuches oder bei Bestellungen, mehr war ihr dann nicht möglich.

Meist half Caroline Schmall vormittags im Laden aus. Den hatte Mathes, auf dessen Gesundheit und Lebensmut Verlass war, gut im Griff. Bei Gemüse, Obst, Spezereien und besonders beim Tabak konnte man ihm nichts vormachen. Bei Tee und Kaffee hatte ihm Kathi behutsam Nachhilfe erteilt.

Mathes' Widerstreben konnte sie am einfachsten umgehen, wenn sie Caroline in seinem Beisein in Details bei Tee- und Kaffeesorten einwies, ihr erklärte, bei welchem Bestand Nachbestellungen erfolgen sollten und wo und mit wem und zu welchen Preisen diese getätigt wurden. Dabei vergaß sie nicht, auf die Kladde hinzuweisen, in der vieles nachzulesen war. Sie hatte sie damals angelegt, als sie in den Laden eintrat und darin alles Wichtige notiert, was sie vom Vater erklärt bekam. Eigentlich alles, was nicht zum Tagesgeschäft gehörte. Im Laufe der Jahre hatte sie manches korrigiert, ergänzt und durchgestrichen. Lose Blätter lagen dazwischen. Nun übertrug Kathi das, was ihr wichtig erschien und das Mathes und Caroline möglicherweise gebrauchen konnten, Seite für Seite in eine neue Kladde. Wenn Mathes es mitbekam, fragte er nicht, warum sie es tat. Gesprächen darüber, was werden würde, wenn Dr. Rosbach ihr nicht mehr helfen konnte, wich er aus, was ihr nur recht war.

Mathes bereitete ihr Tee aus der Rinde der Silberweide. Diese hatte er früher selbst gesammelt und damit seine gelegentlichen Rückenschmerzen gelindert.

Diesmal hatte er den Tee in der Löwen-Apotheke erworben. Bei Caroline in der Küche gönnte er sich ebenfalls eine Tasse und murmelte bei den ersten Schlucken: „Der hilft auch gegen Kummer – fast so gut wie der Viez."

*

Die Gespräche der Kundschaft, vornehmlich der in der Rauchabteilung, drehten sich immer häufiger um den Konflikt mit Frankreich. Spätestens seit der Reise vor drei Jahren hatte Mathes die Franzosen in sein Herz geschlossen. Daraus konnte er sie auch nicht so einfach hinauskehren, als sich das Verhältnis zwischen den beiden Nationen weiter verschlechterte. Waren die Gründe noch so fadenscheinig, es könnte sogar auf einen Krieg hinauslaufen.

Als es Kathi immer schlechter ging, kam neben Caroline Schmall und ihrer Freundin Bäbbchen, Ehefrau des Metzgers Pitter Blasius, häufig auch Mathes' Schwester Frieda, die den Haushalt bei der Familie von Heinrich Rosbach führte, um sich um die Kranke zu kümmern.

Mathes' und Kathis abendliche Gespräche drehten sich nur noch selten um das Geschehen im Laden. Auch heute saßen sie nach dem Essen, bei dem Kathi wieder nur wenig Appetit gezeigt hatte, zusammen auf der Couch in der Stube. Mathes legte ihr eine Decke über die Beine. „Brauchst du sonst noch was?"

„Danke. Nicht nötig. Bald bist du mich los!"

Sarkastische Bemerkungen waren eher Mathes' Spezialität. Sie selbst zu hören, und obendrein aus dem Munde von Kathi, machte ihn für den Moment perplex.

„Ich habe ja auch ziemlich viel an dir rumgemeckert", fuhr sie fort.

„Das hättest du wohl besser getan, wenn ich anwesend war", tat Mathes verwundert.

„Hast du das alles vergessen?"

„Ich bin bis heut' über alles froh, was du zu mir sagst oder gesagt hast."

„Lügst du, kannst du nix behalten oder hörst du schlecht?" Sie tippte mit ihrer Hand an seine, die auf ihrer Schulter lag.

„Dich belügen brauch' ich schon lange nicht mehr. Wenn überhaupt, dann habe ich das vor der Hochzeit gemacht und danach vielleicht ab und an mal ein bisschen übertrieben oder was weggelassen."

„Aha."

„Du kennst mich ja."

„So ganz weiß man bei dir nie."

„Kann sein, aber ich bin froh, dass du mich davor bewahrt hast, in die Welt zu gehen und erfahren zu müssen, dass ich da draußen nicht hätte mithalten können mit den großen Leut', mit Humboldt, Cook und wem auch immer."

„Das hättest du ganz bestimmt!"

„Hast du wieder ... ich meine, kann es sein, dass deine Temperatur wieder etwas höher ..."

„Möglich, dass ich Fieber hab', aber das hat nichts damit zu tun, dass du ganz bestimmt deinen Weg in der Welt gefunden hättest."

Mathes atmete schwer. „Manchmal meine ich, die Leut' sind nur freundlich zu mir, weil sie was haben wollen."

„Hast du dich mal gefragt, warum die ganzen Leut‘ in den Laden kommen?“

„Weil wir gute Sachen haben.“

„Das haben wir“, bestätigte Kathi. „Aber auch, weil sie mit dir schwätzen wollen und nicht nur das. Weil sie dir zuhören und wissen wollen, was du denkst und sagst. Das sind nicht nur deine alten Klassenkameraden, das sind auch die Professoren, sogar der Direktor, die Jenny Marx, ihr Bruder, der Bürgermeister, Leute mit Renommee ...“

„Der Linsenwöllm ist mir lieber als so mancher von denen mit den Titeln und dem vermeintlichen Ansehen.“

„Mir auch“, sagte sie. „Ich wollte dir damit nur sagen, dass du ...“

„Hab‘ ich verstanden.“ Er legte seinen Arm um sie. Ihre Haut war kühl und feucht. „Ich hab‘ nicht vergessen, wo ich herkomme.“

„Es ist egal, woher wir kommen, es kommt nur darauf an, wer wir sind.“

Mathes ließ ihre Worte auf sich wirken. Er zog die Decke etwas höher. Kathis Atemzüge waren ruhig und gleichmäßig geworden.

*

Als Dr. Rosbach die Diagnose Unterleibskrebs stellte, entschied sich Kathi gegen eine Operation im Provinzialmutterhaus bei den Borromäerinnen, von der der Arzt selbst nicht überzeugt schien.

Beifuß, Schafgarbe und Silberweide konnten nichts mehr ausrichten. Einzig die Morphiuminjektionen, die Dr. Rosbach ihr jeden Abend verabreichte, halfen noch gegen die Schmerzen. Der Arzt verfügte bis dato noch über keinerlei Erfahrung mit dem Medikament und hatte sich bei den Kollegen im Krankenhaus über dessen Wirksamkeit informiert.

Während Rosbachs Besuch rauchte Mathes nebenan seine Pfeife und schaute ins Buch Die Arglosen im Ausland von Mark Twain. Darin las er in jeder freien Minute, manchmal ließ er sogar Kunden im Laden warten, bis sie die Ladentür ein zweites Mal öffneten, um die Glocke zu betätigen.

„Es würde dir gut tun, dich mal ein wenig bei der Qualmerei zurückzuhalten", mahnte der Doktor, als er in die Stube kam und als Erstes ein Fenster öffnete.

„Reicht es nicht, dass du mir die halbe Kundschaft vergrault hast, willst du mir eins meiner letzten Vergnügen auch noch vergällen?" Mathes spielte damit auf die Zeit an, in der er den Tabakladen hatte und immer wieder Kunden wegblieben, weil Dr. Rosbach, einst selbst Genießer des Tabaks, sie dazu überredet hatte, mit dem Rauchen aufzuhören.

„Die meisten werden doch nach ein paar Wochen wieder rückfällig." Rosbach schüttelte den Kopf. „Rauchen ist eine Sucht. Genauso wie das Trinken." Er schaute auf die Porz und die Karaffe.

„Möchtest du einen?" Mathes hatte eine Porz griffbereit.

„Danke, ich schenke mir selbst ein." Der Doktor griff nach dem Krug, der nur noch halb gefüllt war. „Was liest du da?"

„Ich glaube, das ist der Amerikaner, den wir in Paris getroffen haben. Er hat erzählt, dass er ein Buch über seine Reise schreiben würde. Bin gespannt, ob wir darin vorkommen, das wird bestimmt auch Kathi interessieren."

Trier, 1870

Sterben

Kathis Schlaf wurde tiefer. Nur ihr Atem war zu hören. Je leiser er wurde, umso mehr entfernte sie sich. Lange schon lag ihre Hand reglos auf seiner, die er behutsam darunter geschoben hatte. Mathes dachte daran, wie früher der Druck ihrer Hand manchmal widerspiegelte, wenn sie etwas bewegte. Ringsum war es still. Er hatte das Gefühl, nur sie beide würden noch existieren, die übrige Welt würde stillstehen oder den Atem anhalten, wie es nun Kathi immer wieder tat.

Erst waren die Aussetzer kurz, dann wurden sie länger. So lange, dass Mathes dachte, es wäre vorbei. Dann begann sie unvermittelt wieder zu atmen, mit tiefen Zügen, als wolle sie die versäumte Luft wieder wettmachen. Allmählich wurde ihre Atmung flacher, setzte wieder aus. Weniger aufgeregt als bei den ersten Malen wartete er, dass sie wieder einsetzte. Es dauerte lange, noch länger als zuvor. Sehr viel später erst wurde ihm bewusst, dass Kathi nie wieder atmen würde.

Da lag sie vor ihm, Kathi, seine Frau, alles was er sich gewünscht hatte, die Person, mit der er glücklich war, ohne es immer zu wissen. Er sah das so vertraute Gesicht. In den letzten Monaten hatten die Schmerzen schleichend auch dort ihre Spuren hinterlassen. Friedlich und entspannt schaute sie nun aus. Doch es war nicht mehr die gleiche Person. Mit dem Leben war ihre Seele entwichen, aufgestiegen, irgendwohin.

Er streifte seine Schuhe ab und versuchte, sich neben sie auf das Bett zu legen. Dafür musste er sie ein wenig mit der Hüfte zur Seite schieben. Sie schien federleicht geworden zu sein. Als er seinen Arm unter sie legte, ließ sie sich mühelos anheben. Er drehte sich zu ihr, fühlte sie und sah durch den Schleier seiner Tränen in ihr Gesicht. Er rang nach Luft, schämte sich seiner Schluchzer. Endlich ließ er sich gehen und weinte wie noch nie in seinem Leben. Bis er keine Tränen mehr hatte, bis er selbst leicht wurde und glaubte, sich von der Welt gelöst zu haben, um Kathi dahin zu folgen, wo sie hingegangen war.

*

Sie hatten für Mathes einen Schemel ans Grab gestellt. Sein Vater und seine Schwester Frieda standen neben ihm, um zu verhindern, dass er zur Seite kippte. Die Worte des Pastors klangen, als wären seine Ohren unter Wasser geraten. Beim Kondulieren der Leute, die ihm im Anschluss die schlaffe Hand drückten, dachte er an die Sprachverwirrung beim Turmbau zu Babel. Lag es daran, dass er nicht verstand, was man ihm sagte? Selbst bei Vater und Frieda konnte er auf dem Weg nach Hause nichts verstehen.

Er hatte bis weit in den nächsten Tag hinein geschlafen. Dennoch fühlte er sich nach dem Aufstehen immer noch so müde, dass er bald wieder ins Bett ging.

Wie ein Schlafwandler suchte er sie in der Nacht. Er lauschte, tastete nach ihr. Vergeblich. Wenn er tagsüber im Wohnzimmer saß, vermeinte er Kathi in der Küche, glaubte sogar zu hören, wie sie am Herd werkelte.

Wenn es still war, vermutete er sie nebenan im Schlafzimmer. Vielleicht hatte sie sich kurz hingelegt. Gleich würde er nach ihr schauen. Doch dann lagen da nur ihr Kopfkissen und das faltenlose Plumeau. Und ihm wurde das Atmen schwer.

Als Kathi die Kraft zum Aufstehen verlor, hatte er das Sofa aus der Wohnstube ins Schlafzimmer bugsiert. Tagsüber saß Mathes darauf und manchmal Besucher wie Caroline oder seine Schwester Frieda.

Das ein oder andere Mal war er abends hundemüde dort eingeschlafen. Irgendwann war er dabei geblieben, die Nacht auf dem Chaiselongue zu verbringen.

Wenige Tage nach Kathis Tod schleppte er mit Linsenwöllms und Schmalls Hilfe das Sofa runter in das Zimmer neben dem Laden. Noch am gleichen Abend trug Mathes Kissen, Decke und einen Krug Viez hinunter und übernachtete dort.

Trier, 1870

Krieg

Niemand sprach mehr von etwas anderem als von der französischen Kriegserklärung gegen Preußen. Und es wurde nicht nur geredet. Trier war eine große Garnisonsstadt und eine wichtige Station im Aufmarschgebiet. Auch wenn Mathes es nur durch einen Schleier aus Trauer und Alkohol wahrnahm, der ihn zeitweise betäubte, so war die Aufregung und das hektische Treiben überall spürbar. Bei Tag und Nacht kam die Stadt, die zu einem Heerlager geworden war, nicht mehr zur Ruhe. Die Mobilmachung hatte obendrein einen großen Enthusiasmus unter den jungen Männern und Reservisten ausgelöst.

Kaum waren neue Einheiten eingetroffen, machten sie sich saaraufwärts auf den Weg. Bei Saarbrücken sollte es bereits zu ersten Scharmützeln gekommen sein.

Mathes sah die Überschriften in den Zeitungen, hörte, was gesprochen wurde. Bei ihm kamen nur Bruchstücke an. Er konnte und wollte den Krieg nicht in seinen Kopf lassen. Es reichte, dass seine eigene kleine Welt zusammengestürzt war. Nun sollte nicht auch noch die Welt um ihn herum im Chaos versinken. In den wenigen hellen Momenten, in denen ihn Trauer und Alkohol aus den Krallen ließen, kam er zu dem Schluss, dass die Franzosen siegreich sein würden und die Preußen ihnen letztlich die linksrheinische Seite überlassen müssten. Das hatte es vor kaum mehr als 70 Jahren schon einmal gegeben.

*

Diesmal klopfte es recht früh am Abend an der Tür. Mathes brauchte nicht aufzustehen. Es war der Geometer Schmall, der vom Treppenhaus her durch das unverschlossene Lager in die Stube gelangte.

Er war in den letzten Wochen bereits einige Male zu Besuch gekommen. Mathes hatte meist schon seinen Krug mit Viez geleert und war kaum noch dazu in der Lage, mit ihm ein paar Sätze auszutauschen. Seit Kathis Tod hatte Schmalls Frau Caroline den Laden so gut sie konnte weitergeführt und Mathes auf ihre freundliche Art davon überzeugt, wenigstens tagsüber nicht mehr so viel zu trinken.

Neben der üblichen Kanne Tee brachte sein Besucher diesmal eine auf eine dünne Holzplatte aufgezogene Landkarte mit.

Nachdem er seinem Gast einen Platz angeboten hatte, beugte sich Mathes vor und besah sich die Karte, in der blaue und rote Nadeln steckten. Trotz seines benebelten Hirns erriet er, dass die blauen die aktuellen Standorte der Franzosen und die roten die der Preußen markierten.

„Ich will nur wissen, wo mein Junge ist", erklärte Schmall.

Der Geometer, der in all den Jahren nach der trockenen Arbeit im Roten Turm zum Feierabend nichts gegen eine Porz Viez einzuwenden gehabt hatte, trank nur noch Tee. Als Mathes fragte, ob das eine Art Gelübde sei, führte Schmall aus, seit sein Sohn Karl beim Militär sei, vertrage er nicht mal mehr eine Porz Viez, ohne schwermütig zu werden.

Der älteste Sohn des Geometers, der wie sein Vater Karl

hieß, hatte sich sofort nach der Kriegserklärung freiwillig als Rekrut gemeldet. Vor wenigen Wochen hatte er das Abitur abgelegt. Mathes war der Junge, den er von klein auf kannte, ans Herz gewachsen.

„Es will mir nicht in den Kopf, die Franzosen sollen ....“ Mathes hielt inne. Er versuchte, etwas weniger zu lallen. „Die sollen jetzt auf einmal keine Freunde mehr sein?“

„Die haben uns den Krieg erklärt“, sagte Schmall bestimmt.

„Eigentlich nicht die Franzosen, das war ihre Regierung“, wandte Mathes ein.

„Aber die Bevölkerung soll die Entscheidung sehr begrüßt haben, nicht anders als bei uns Preußen.“

„Früher mal hast du mir doch vorgeschwärmt von dem Tranchot, dem französischen Kartographen, von dem du jetzt die Arbeit fortführst.“

„Jean Tranchot war zu Napoleons Zeiten wirklich ein hervorragender Geometer. Meine Arbeit stützt sich aber auf die von Karl von Müffling, das war ein Landsmann.“

Als Mathes nichts dazu sagte, ergänzte Schmall: „Also ein Preuße.“

„Dass von deinesgleichen auch einige was können, will ich nicht in Abrede stellen.“

Als Schmall nichts entgegnete, fügte Mathes an: „Aber dass sie von vielen Sachen keine Ahnung haben, das stimmt nach wie ...“ Er konnte nicht weitersprechen, weil sein Hals auf einmal ganz trocken war. Er nahm eine Tasse aus dem Küchenschrank und schenkte sich von dem mittlerweile lauwarmen Tee aus der Kanne ein.

*

Auf dem Weg stadtauswärts durch die Simeonsport in Richtung Friedhof herrschte zur frühen Stunde bereits ein ungewöhnlicher Trubel. Im Bereich der Allee schien es Mathes, als sei die ganze Stadt auf den Beinen. Ein unablässiger Strom bewegte sich von der Mosel her kommend an der Porta Nigra vorbei. Gerade war es ein Trupp mit Sanitätern und Krankenschwestern vom Roten Kreuz und die Wagen mit Verwundeten, manche schienen ihm mehr tot als lebendig. Wahrscheinlich handelte es sich um Opfer der Schlacht bei Spichern. Der Ort lag nicht weit von Trier entfernt. Vom Straßenrand aus wurden den begleitenden Sanitätern und Schwestern, manchmal auch direkt an die Verwundeten, die auf Karren und Tragbahren von der Bahn und Moselschiffen zu den Lazaretten transportiert wurden, Brote, Obst und Wasser gereicht. Es folgten Wagen mit Geschützen, andere hatten große Kisten geladen, dazwischen marschierten Soldaten, Feuerwehr in Uniform und der örtliche Polizeicorps.

Für Mathes war es nicht einfach, eine Lücke zu finden, um die Allee zu überqueren. Auf der Paulinstraße trug fast jeder, der ihm entgegenkam, einen Korb mit Gaben für die Verwundeten. Erst hinter Maximin wurde es ruhiger, und dann stand Mathes zum ersten Mal seit der Beerdigung am Grab. Eine Beklemmung überkam ihn, wie damals, als ihn die explodierende Flinte in den Graben des Amphitheaters geschleudert hatte. Eine unsichtbare Klammer presste seine Brust zusammen. Gleichzeitig verließ ihn die Kraft in den Beinen. Er ging in die Hocke und stützte sich mit beiden Händen auf dem feuchten Sand ab. Als er die Augen wieder öffnete, sah er aufeinandergetürmte Kränze, verwelkte Blumen und zerknitterte Schleifen mit den letzten Grüßen an die Verstorbene.

Von dem kleinen Holzkreuz mit den schwarzen Buchstaben musste er den Blick schnell wieder abwenden. Trotz des Gefühls, nur sehr wenig Atemluft in den Lungen zu haben, stieß er einen hörbaren Schwall Luft aus.

Auch wenn er sich vor sich selbst für seine Schwäche schämte, so empfand er an diesem Tag nicht nur das andauernde Hadern der letzten Wochen. Er registrierte wieder, wenn ihn jemand grüßte. Nach und nach gelang es ihm auch, einen Gruß zu erwidern.

Der Transport von Verletzten war immer noch im Gange. Die meisten wohl verletzt durch Schüsse, manche auch im Nahkampf durch Säbel und Bajonette. Letzteres wollte sich Mathes gar nicht so genau vorstellen.

Trotz dieses für alle augenscheinlichen Elends der Verwundeten wirkte die ganze Stadt weiter bis in die Knochen militärfromm. Selbst die Leute, die sich bei den Sitzungen der Karnevalsgesellschaft Heuschreck köstlich über die Parodie auf das preußische Militär mit Phantasieuniformen und Karnevalsorden amüsiert hatten, ereiferten sich nun beim Sammeln von Hilfsgütern für die Soldaten oder bei der Unterstützung und Pflege der Verwundeten.

Nach seiner Rückkehr in den Laden bediente Mathes die Kunden aufmerksam, sparte sich jegliches Grummeln, gab keine sarkastischen Kommentare von sich und war auch sicher bei der Abrechnung, wo er ganz besonders auf die neuen Preise achtete. Selbst Carolines verwunderte Blicke entgingen ihm nicht.

„Wir könnten viel mehr verkaufen“, sagte die Frau von Geometer Schmall, als sie hinter der letzten Kundin des

Tages die Tür abschloss. „Die Auslagen draußen vor der Tür waren schon gegen Mittag leer. Der Tee und auch die Rauchwaren werden knapp."

„Warum machen wir es nicht?", fragte Mathes.

Caroline überlegte, ob das eine der typischen nicht ernst gemeinten Fragen von Mathes war, kam jedoch zu dem Schluss, dass er es wirklich nicht besser wusste und erklärte ihm, dass seit längerem keine Waren für den Handel mehr ankämen, weil über Schiffe und Bahn nur noch Nachschub für das Militär transportiert wurde.

„Marketender sind da."

„Wo haben die ihr Zeug her?"

„Das haben sie auf ihren Karren mitgebracht."

Mathes überlegte. Dann zog er die Schultern hoch. „Darüber muss ich mir dann mal ein paar Gedanken machen."

*

Am Abend war Schmall nicht wenig überrascht, beim gewohnten Besuch in Mathes' Stube zwei Tassen auf dem Tisch vorzufinden. Neben dem Beutel mit Pfeifentabak stand ein halbvolles Glas Wasser.

„Heute Pumpenheimer statt Viez?", fragte er, als er den frisch aufgebrühten Tee aus der wie üblich mitgebrachten Kanne einschenkte.

Während Mathes zerstoßenen Kandis in seinen Tee rührte, berichtete er von dem, was er auf dem Weg zum Friedhof erlebt hatte.

„Hoffentlich gibt es in Paris nicht bald einen Boulevard de Trèves", meinte Mathes. „Benannt nach der Schlacht, die sie 1870 bei Trier gewonnen haben."

„In Metz gibt es schon einen Boulevard de Trèves", war

Schmalls Kommentar. „Ganz ohne Krieg. Das könnten sie in Paris auch gerne tun." Er hatte wieder die Landkarte dabei. Die blauen Nadeln waren ein Stück nach Norden gewandert, gefolgt von den roten. „Es könnte gelingen, Metz einzukesseln."

„Und was ist mit denen?" Mathes deutete auf die blauen Nadeln weiter nördlich.

„Werden die nicht aufgehalten", Schmall fuhr sich nachdenklich mit der linken Hand durchs Haar, „könnten sie den preußischen Ring um Metz sprengen und sich mit den Truppen aus der Stadt vereinigen."

„Dann müssten wir zurückweichen." Mathes wies auf die roten Fahnen. Dabei wurde ihm bewusst, dass er das Wort ‚wir' benutzt hatte.

*

Mathes schaute gelegentlich wieder in die Zeitungen. Die Artikel zum Kriegsverlauf überflog er nur. Was berichtet wurde, weckte zwar Hoffnung auf einen siegreichen Ausgang, aber der militärhörige Ton der Schreiber war ihm zuwider. Unter den Traueranzeigen waren immer mehr Namen von gefallenen Trierer Soldaten zu finden. Viele hatten im 1. Bataillon 69 der Trierer Garnison gedient, das bei der Zurückwerfung der französischen Truppen bei Gravelotte und Vionville zwei Drittel seiner Offiziere und über 100 Mann verloren haben sollte. Schmall, der immer noch nichts von seinem Sohn Karl wusste, der sich zu ebendieser Garnison gemeldet hatte, schaffte es kaum mehr, seine von Angst und Kummer völlig verzweifelte Frau Caroline zu beruhigen. Ein wenig Ablenkung verschaffte ihr der Aufruf in den Zeitungen zu schneller Hilfe für die Truppe. Nach einer kurzen Erklärung ließ sie Mathes allein im Laden zurück und beteiligte sich in den nächsten Stunden mit aller Kraft am Einsammeln von Lebensmitteln und Gaben aller Art. Am späten Nachmittag kam sie in Begleitung von Linsenwöllm zurück, der eine schwer beladene Karre vor sich herschob. Sie nahm den obenauf stehenden Korb herunter.

Als Mathes aus dem Laden trat, war sein Freund schon weitergezogen, und er konnte nur noch den mit Eiern vollgeladenen Korb von Caroline sehen, mit dem sie im Hauseingang verschwand.

Am Abend begleitete Mathes den Geometer Schmall. Neben dem Korb voller Eier, die seine Frau gekocht hatte, transportierten sie eine Kiste mit Würsten, Brotlaiben und ein paar Flaschen Wein. Diese und reichlich Pfeifentabak aus dem Laden hatte Mathes beigesteuert.

Vor der Post in der Fleischstraße standen Wagen mit Zugpferden zur Abfahrt bereit. Es war gar nicht so einfach, noch einen Platz für ihre Gaben auf einem der Gefährte zu finden. Die versammelten Menschen winkten dem Tross hinterher. Er bewegte sich Richtung Römerbrücke, wo sich bereits ein Treck mit Hilfsgütern aus den umliegenden Kreisen, dazu Rote-Kreuz-Gruppen und Marketender mit Ziel und Zwischenstation Saarlouis eingefunden hatten. Von dort aus sollte es dann weiter Richtung Metz gehen.

Als sich die Menge an der Post verlief, blieb eine kleine Schar zurück, die vor dem Telegrafenamt im Haus Zur Königsburg am Kornmarkt anstand. Ein gut gekleideter Herr, der, zwei Koffer tragend, das Amt verließ, fiel Mathes ins Auge.

„Alfredo?“ sagte Mathes halblaut. Der Mann schaute sich um.

Während er freudig strahlend die Koffer abstellte, stürzte Mathes auf ihn zu. Er konnte nicht anders, als ihn zu umarmen, genauso wie damals, als er Linsenwöllm zum ersten Mal nach dessen schwerer Krankheit getroffen hatte.

„Das ist mein Freund und Nachbar Karl Schmall ... und das ist Alfredo aus Paris, von dem ich dir erzählt habe", machte er die beiden Männer miteinander bekannt.

„Alfred Höllen." Der Tabakhändler aus Paris schüttelte Schmall die Hand. Ein paar Köpfe in der Schlange vor dem Telegrafenamt hatten sich ihnen neugierig zugewandt.

Mathes war dies nicht entgangen. „Dass du in Trier ankommst, nicht zu fassen! Wo bist du untergekommen?"

„Noch gar nicht."

„Du bist selbstverständlich eingeladen." Mathes packte einen der beiden Koffer, die noch links und rechts von Alfredo auf dem Pflaster standen. „Darf ich? Es ist nicht weit."

Er ging ein paar Schritte vor. Alfredo und Schmall, der kurzerhand den anderen Koffer geschnappt hatte, folgten ihm. Der Koffer war deutlich schwerer als erwartet. Anfangs versuchte Mathes, sich nichts anmerken zu lassen, aber bald konnte er nicht anders, als ihn von der rechten in die linke Hand zu wechseln.

„Das lass ich mir gefallen!" Alfredo, der nun in der Mitte ging, klopfte beiden mit ausgebreiteten Armen auf die Schultern. Er legte einen tänzerisch leichten Zwischenschritt ein, um mit ihnen im Gleichschritt durch die Fleischstraße zu marschieren. Dann zündete er sich mit einer geschickten Handbewegung einen Zigarillo an und blies den Rauch in die Höhe.

Am Marktkreuz blieb Mathes stehen und stellte keuchend den Koffer ab, um seinem Besucher ein paar Erläuterungen zur Steipe, dem Marktbrunnen, der Marktkirche, dem Dom und der Porta Nigra zu geben. Über einen kleinen Umweg ging es weiter durch die Sternstraße, am Dom und Liebfrauen vorbei. Zuhause stiegen sie hoch zur Wohnung, wo Mathes Alfredo und Schmall Platz am Tisch anbot und in der Küche verschwand, um Brot zu schneiden und Wasser für den Tee aufzusetzen. Nach einer kleinen Mahlzeit verabschiedete sich Schmall, weil er seine Frau nicht länger alleine lassen wollte.

„Alfredo, erzähl doch mal!“, forderte Mathes seinen Gast auf, während er eine Flasche Moselwein öffnete.

„Alfred!“, korrigierte dieser. „Ich heiße ab sofort wieder Alfred. So steht es auch in den Papieren, mit denen man mich aus Frankreich hinauskomplimentiert hat, um es mal charmant auszudrücken.“ Er sprach mit einem deutlichen französischen Akzent. „Alle Deutschen mussten das Land verlassen.“

„Auch die Flüchtlinge von 48?“, fragte Mathes.

„Alle, ohne Ausnahme!“

„Und was soll jetzt werden?“

Der Gast, dem die Strapazen deutlich anzusehen waren, erzählte von seinem überstürzten Aufbruch aus Paris und den Plänen, nach Brüssel zu gehen. Zu einem Kollegen, den er hoffte davon überzeugen zu können, die Produkte aus der Fabrikation seines Bruders Romeo y Julieta auch in der belgischen Hauptstadt anzubieten.

„Wie ist es dort mit der Sprache?“, fragte Mathes.

„Eigentlich spricht ganz Brüssel französisch, und die paar Käseliebhaber, die holländisch sprechen, mit denen werde ich mich auch bald verständigen können. Der rheinische Dialekt ist dem Holländischen ein bisschen ähnlich.“

„Und warum gehst du nicht nach Havanna oder nach

Spanien?", hakte Mathes nach. „Da hast du doch gelebt und sprichst, wenn ich mich richtig erinnere, auch spanisch."

„Da will meine ... also die Familie nicht hin. Sie versucht, unser Hab und Gut nach Brüssel zu schaffen, solange der Weg noch offen ist."

„Du meinst, bevor die Preußen bis Paris vorstoßen?"

Alfredo nickte.

„Falls die Franzosen", versuchte es Mathes zaghaft, „den Krieg verlieren ..."

„Auch dann wird für die Deutschen nichts mehr wie vorher sein. Obendrein scheint sich in Paris etwas zusammenzubrauen."

„Was meinst du damit?"

„Nicht ohne Grund ist sie die Stadt der Revolution. Und die Unzufriedenheit ist schon länger spürbar."

Mathes hörte mit ernster Miene zu. „Wie lange hast du eigentlich nicht mehr geschlafen?"

„Zwei, drei Tage dürften es schon sein." Der Besucher gähnte ausgiebig.

Als sich Mathes wenig später ein Stockwerk tiefer auf dem Sofa zur Ruhe gebettet hatte, wurde ihm bewusst, dass Alfredo, wie er seinen Gast weiter für sich nannte, nicht nach Kathi gefragt hatte. Möglich, dass Schmall den Pariser Tabakhändler diskret informiert hatte, als Mathes in der Küche zugange war.

*

Am nächsten Morgen schlief Alfredo noch, als Mathes durch die offene Tür nach ihm sah. Das Sonntagsläuten zu den Frühmessen ringsum hatte ihn nicht geweckt.

Weil er es nicht schicklich fand, ihm sein Ehebett anzubieten, hatte er für Alfredo in dem Zimmer neben der Stube ein Nachtlager aus drei Matratzen auf dem Boden hergerichtet. Einstmals war das Zimmer für Kinder vorgesehen gewesen. Über die Jahre hatte sich darin mehr und mehr Gerümpel angesammelt.

Mathes schlich in die Küche, zündete den Herd an und las am Fenster im Klatschmagazin Tant Suß, während er darauf wartete, dass das Wasser für den Kaffee zum Kochen kam. Er klopfte seine erste Pfeife des Tages aus, als die dicke Bertes mit gewaltigem Klang im Turm des Doms anschlug. Auf der Straße eilten die Kirchgänger zum Dom. Hinter einer Militärkapelle marschierte ein Trupp in Gala-Uniform. Nun schien auch im Nebenzimmer Leben zu erwachen. Ein Fenster wurde geöffnet. Kurze Zeit später kam Alfredo mit wirrem Haar, offenem Hemd, herunterbaumelnden Hosenträgern und barfuß in die Küche geschlurft.

Mathes stellte ihm eine Tasse Kaffee auf den Tisch, die der Gast schweigend trank.

„Guten Morgen", murmelte er, als Mathes ihm nachschenkte. „Pardon! Vorhin wusste ich nicht, wo ich war ... und dann noch diese ganzen Soldaten auf der Straße."

„Im Dom gibt es heute ein feierliches Te Deum zum glorreichen Sieg von Metz."

„Ist das so schnell gegangen?", fragte Alfredo.

Mathes nickte und setzte einen weiteren Kessel mit Wasser auf den Herd.

„Unser Zug ist nur bis zu einem Kuhdorf oberhalb von Metz gekommen", berichtete der Gast. „Dann passierte zwei Tage lang gar nichts, bevor es per Fuhrwerk nach Luxemburg ging." Er schlürfte seinen Kaffee. „Und von dort ging es per Kutsche weiter nach Trier."

Weil Sonntag war und Mathes sich nicht mit einem halb bekleideten, unrasierten, fremdländisch wirkenden Individuum zwischen den heute ganz besonders patriotisch und obendrein feierlich gestimmten Mitbewohnern seiner Stadt zeigen wollte, führte er seinen Besucher nach dem Frühstück ein Stockwerk tiefer in den Laden. Alfredo sah sich höflich um, bevor er die Abteilung mit den Tabakwaren näher in Augenschein nahm.

„Das ist nur ein Überbleibsel von dem Angebot meines früheren Ladens", erklärte Mathes. Auf den ersten Blick wirkte es noch so, als gäbe es ein breites Angebot. Doch die meisten Tee- und Gewürzdosen waren leer, und es gab auch keinen Pfeifen- und Schnupftabak mehr. Nicht besser verhielt es sich mit den Zigarren. „Wobei ich nun weiß, dass ich auch mit meinem früheren Geschäft nicht im Entferntesten daran tippen konnte, was du ..."

„Ich sehe dein Gespür für das Wesentliche", unterbrach ihn sein Besucher. „Das ist die Hauptsache. In Schönheit zu sterben, das kann sich niemand leisten."

„Danke, schön, das von einem Fachmann wie dir zu hören", bedankte sich Mathes. „Aber eigentlich könnte ich das Schild Kolonialwaren gegen Gemüseladen tauschen."

Alfredo machte auf einmal einen abwesenden Eindruck. „Wenn du mich entschuldigst, ich würde mich gerne noch ein Stündchen hinlegen." Sein Gast schlurfte mit hängenden Schultern zur Treppe.

*

Die Mehlklöße schwammen bereits oben auf dem kochenden Wasser. Mathes blieb nichts anderes übrig, als Alfredo zu wecken, der schon wieder seit Stunden schlief und sich auch nicht von den Hochrufen, die lange nach dem Te Deum immer wieder auf der Straße zu hören waren, stören ließ. Aber der Tabakhändler war schon aufgestanden und beäugte den Orden, der neben der Glaskommode an der Wand hing.

„Pour le Meerrettig“, las er vor.

„Der wurde mir mal an Fastnacht verliehen“, erläuterte Mathes. „Das Essen ist fertig.“

Alfredo wog den an einer Kordel baumelnden Orden in der Hand. „Ich muss gestehen, diesen Orden habe ich früher immer den Franzosen ...“

„Zugeschrieben“, half Mathes.

„Genau! Aber ihr ...“ Er seufzte. „... wir Deutschen, zumindest der preußische König, liebt das Französische gar so sehr, dass er militärische Orden in französischer Sprache benennt.“

„Besonders verrückt, wenn man auf einmal Krieg gegen die Franzosen führt.“

„Was ja nichts Ungewöhnliches ist.“

„Dafür hat Napoleon gesorgt und einige andere.“

Alfredo nickte.

Beim Essen schaute er sich in der Küche um.

„Suchst du jemanden?“, fragte Mathes grinsend. „Die Klöße hab’ ich selber gemacht.“

„C’est bon“, lobte sein Gast. Er ließ sich eine zweite Portion mit reichlich Speck geben. Auch beim Apfelmus, bei dem er sich selbst bediente, übte er keine Zurückhaltung.

Nach dem Essen genossen sie schweigend ihre Zigarren aus dem Fundus, den sich Mathes wohlweislich beiseite gelegt hatte. Durch das offene Fenster waren immer wieder Hochrufe und Gesänge zu hören. Die Siegesfeier hatte sich vom Dom auf die umliegenden Plätze und Gartenlokale verlagert.

„Ich zeige dir mal, was ich mitgebracht habe!" Alfredos Miene ähnelte der des Nikolaus mit dem Gabensack vor der Bescherung.

Im Wohnzimmer stand noch einer der beiden Koffer. Sein Gast räumte Gläser und andere Sachen, die noch vom Vorabend übrig geblieben waren, vom Tisch. Dann wuchtete er den Koffer darauf, schaute Mathes grinsend an und öffnete ihn so behutsam wie ein Pirat seine Schatztruhe. Mathes war baff. Der Koffer war prall gefüllt mit Zigarren aus dem Hause Romeo y Julieta.

„Was hast du damit vor?"

„Verkaufen, was sonst! Mit meinen Francs kann ich hier nichts anfangen." Mathes nahm eine der Zigarren heraus und hielt sie sich ans Ohr, während er sie zwischen Daumen und Mittelfinger rollte.

„Ich hätte einen Abnehmer."

„Der wäre?"

Mathes tippte sich mit der Spitze des Zeigefingers an die Brust. „Steht vor dir."

„Die sind nicht billig!"

„Das ist mir klar. Aber sie sind gut und obendrein rar. Geht mir ja selbst so, dass ich nur schwer aufs Qualmen verzichten kann."

*

Am späten Nachmittag gesellte sich Schmall zu ihnen. Caroline hatte Besuch von Bärbel, der Frau des Fleischers Pitter, bekommen. Er brachte einen halben Käsekuchen mit und eine kleine Flasche mit einer gelblichen Flüssigkeit.

„Ein Avokat", bemerkte Alfredo.

„Bei uns heißt er Eierlikör", meinte Schmall. „Caroline

hat den Kuchen und den Likör zubereitet."

„In Kuba heißt er Avokat, weil da Avokados drin sind, statt Eier, und meistens mehr Rum als nötig." Alfredo griff nach einem der Schnapsgläser, die Mathes auf den Tisch gestellt hatte und ließ sich einschenken. Mathes setzte Kaffeewasser auf.

Nachher, beim Kuchenessen, füllte Schmall den Likör in die Gläser nach.

„In Kuba hatte ich nach dem zweiten Avocat schon einen sitzen", sagte Alfredo. „Rum gab es da genug, weil viel Zuckerrohr angebaut wurde, dazu Süßkartoffeln, Erdnüsse und Tabak. Kolumbus, James Cook und Alexander von Humboldt waren meine Helden", schwärmte Alfredo. „Wie habe ich mich gefreut, als es in die Karibik ging."

Alle drei stellten fest, dass sie in ihrer Jugend die gleichen Bücher gelesen hatten und sich unbedingt Expeditionen in ferne Länder anschließen wollten. Auch Georg Forster gehörte zu ihren Idolen. Schmall, der seit Wochen zum ersten Mal wieder Alkohol trank, erzählte, den Beruf des Geometers nur aus dem Grund gewählt zu haben, um bei der Kartierung neu entdeckter Länder mitzuwirken. Er öffnete das Fenster. Frische Luft strömte in die verrauchte Stube. In Kindertagen litt Schmall an Asthma. Dieses hatte sich zwar während der Schulzeit ausgewachsen, wie er berichtete, aber er hatte wohlweislich nie geraucht.

Nachdem Schmall zurück in seine Wohnung gegangen war, saßen Alfredo und Mathes eine Zeitlang schweigend am Tisch. Auf den Siegesfeiern waren die Gesänge noch nicht verstummt. Der Zapfenstreich schien sich zu nähern, immer wieder waren eilige Stiefeltritte zu hören.

„Jetzt geht es auf Paris zu“, murmelte Alfredo mehr zu sich selbst.

Mathes nickte. „Im besten Fall könntest du dann wieder zurückkehren, falls die Preußen …“

Der Tabakhändler seufzte. „Das Tischtuch ist zerschnitten. In dieser Stadt möchte ich nicht mehr leben.“ Er nahm einen langen Zug an der Zigarre und pustete den Rauch geräuschvoll aus. „Außerdem braut sich da was zusammen.“

„Und was genau?“, hakte Mathes nach.

„Viele Bürger von Paris sind mehr als unzufrieden mit ihrer Regierung.“

„Du meinst, es könnte wirklich wieder eine Revolution geben?“

„Damit haben die Pariser Erfahrung. 1848 ist noch nicht vergessen, und auf 1789 ist man immer noch stolz. Egal, was am Ende dabei herausgekommen ist.“

„Es bleibt also bei deinen Plänen, nach Brüssel zu gehen?“

Alfredo nickte. „Leider gibt es über das Telegrafenamt keine Verbindung nach Paris. Aber meine Frau wird auf jeden Fall nachkommen, sobald ich dort was für uns gefunden …“ Er wischte sich mit dem Ärmel die Tränen von der Wange. Da gab es auch für Mathes kein Halten mehr. Ob die Tränen aus Mitleid mit Alfredo kamen oder ob sie für Kathi waren, hätte er nicht sagen können.

Mathes holte einen Krug Viez aus dem Keller.

*

Als Mathes erwachte, war nebenan aus dem Laden reger Betrieb zu vernehmen. Er schämte sich. Caroline musste an ihm vorbei in den Laden gegangen sein. Das Fenster war geschlossen und sicher roch es nicht gut in dem Raum, in dem er seinen Rausch ausgeschlafen hatte. Er hatte eine trockene Kehle, dazu kamen leichte Kopfschmerzen. Oben in der Wohnung war die Tür zu Alfredos Zimmer geschlossen. In der Küche trank Mathes zwei große Gläser Wasser. Nachdem er sein Äußeres einigermaßen in Form gebracht hatte, ging er nach unten in den Laden.

Caroline wog etwas auf der feinen Waage ab. Sie schien ebenfalls nicht ganz auf der Höhe zu sein. Noch während er sich fragte, ob das am Genuss des Eierlikörs mit Bäbbchen liegen könnte, war herzhaftes Männerlachen zu hören. Hinter der ausschließlich aus weiblichen Kunden bestehenden Warteschlange an Carolines Theke erblickte er Hüte und Kappen nahe der Eingangstür. Als Mathes, nachdem er stumm winkend seine Kollegin und deren Kundinnen begrüßt hatte, neben der Hintertür etwas zur Seite ging, linste er zur Tabakabteilung. Dort präsentierte ein bestens aufgelegter Alfredo, schick gekleidet und gepflegt, seine exquisiten Zigarren, die bei den Herren reges Interesse zu erwecken schienen. Ohne bemerkt worden zu sein, zog sich Mathes wieder zurück. Nach einem kleinen Frühstück verließ er das Haus durch den Ausgang auf der anderen Seite.

Hatte es am Sonntag eine kurze Verschnaufpause gegeben, so schien der Trubel in der Stadt gegenüber der letzten Woche sogar noch zugelegt zu haben. Begleitet von Soldaten rumpelte ein Wagen hinter dem anderen über die Straßen.

Quer über den Hauptmarkt schlängelte sich Mathes zwischen den offenen Ständen und Buden mit Zeltdächern hindurch. Von einer Suppenküche, in der Feuer unter einem großen runden Topf angefacht wurde, wehte beißender

Rauch über den Platz. Unter dem Dachüberstand an der Ecke zur Jakobsgasse war Linsenwöllm für gewöhnlich um diese Zeit anzutreffen, aber er schien bereits einen Auftrag zu haben. Vielleicht besser so, denn gut möglich, dass Mathes seinen Freund auf ein frühes Gläschen eingeladen hätte. So wendete er sich dem Laden des Goldschmieds neben dem Eingang zur Judengasse zu. Die Brust wurde ihm eng, als er die Klinke der Ladentür hinunterdrückte. Sie war abgeschlossen. Dann bleibt mir das erspart, dachte Mathes, als er sich zum Gehen wandte. In seinem Rücken wurde ein Schlüssel im Schloss gedreht und eine Tür, begleitet vom Läuten eines hellen Glöckchens, geöffnet. Mathes blickte sich um. Der Goldschmied stand in der Tür.

„Nebenan aus der Werkstatt höre ich nicht, wenn jemand reinkommt. Dann schließe ich besser ab. Gerade in diesen Zeiten." Mit diesen Worten ließ ihn der Goldschmied eintreten. Er nahm die Schürze ab und hängte sie an einen Haken hinter dem Tresen, zog eine Schublade auf und reichte ihm ein kleines Kästchen. Mathes nahm es unschlüssig in die Hand.

„Willst du es nicht aufmachen?"

„Nachher."

„Und wenn er nicht passt?"

„Wird schon." Mathes wiegelte ab. „Was bin ich dir schuldig?"

Auf dem Weg zum Friedhof ließ Mathes sich beim Blumenhändler Lambert einen üppigen Strauß zusammenstellen, dazu kaufte er eine Vase.

Auf den letzten Metern zum Grab fühlte sich sein Brustkorb an, als wären seine Rippen zu Fassdauben geworden, die von eisernen Ringen immer fester eingeschnürt wurden.

Zuerst erkannte er das Grab nicht wieder. Die Kränze waren abgeräumt, die Erde ordentlich angehäufelt. Darauf waren hellblaue Vergissmeinnicht gepflanzt. Als er die Blumen und die Vase ablegte, schaute er zu dem Holzkreuz und dann wieder auf seine Hände, die er zum Gebet gefaltet hatte. Diesmal hielten ihn seine Beine aufrecht. Er schaffte es, zur neuen Friedhofskapelle zu gehen, wo er Wasser aus einem Becken in die Vase schöpfte.

Nicht weit entfernt waren Schaufelgeräusche zu hören. Sie schienen von mehreren Spaten zu stammen. Als er später den Friedhof in Richtung Mosel verließ, sah er die offenen Gräber. Der Krieg forderte seinen Blutzoll.

Oberhalb des Treidelwegs setzte er sich aufs Gras der Böschung. Das Tuckern eines bereits außer Sichtweite moselaufwärts fahrenden Dampfschiffs war noch zu hören. Letzte Wellen schwappten ans Ufer. Das rhythmische Zischen wurde wieder stärker. Es wandelte sich in schnelles Puffen und Schnaufen, begleitet vom Schleifgeräusch eiserner Räder. Auf der anderen Flussseite tauchte eine Dampflok auf, die vor den roten Felsen von Pallien in Richtung Biewer Fahrt aufnahm. Auf den offenen Wagen lagen Lafetten, Kanonenrohre und allerhand Schrott, zerstört bei Gefechten und unterwegs zur Reparatur oder zum Einschmelzen.

Mathes hatte nicht mitbekommen, dass die Strecke schon in Betrieb genommen worden war. Von einem Festakt war nichts in der Zeitung zu lesen gewesen. Bald war nur noch der Rauch zu sehen, der vom Westwind vor sich hergetrieben wurde. Sein Blick wandte sich wieder dem Weg zu, auf dem er an vielen Sonntagen mit Kathi spaziert war. Gemeinsam hatten sie die neuen Rosenzüchtungen bei Lambert bewundert. Damals hätten sie es nicht für möglich gehalten, dass die Rosen wenige Jahre später ihr Grab schmücken würden.

Auf der Suche nach der Pfeife in seiner Jackentasche geriet das Kästchen in seine Hand. Die schmalen Ringe darin hatten nun die gleiche Größe. Mathes nahm beide heraus. Bei einem entdeckte er innen eine Gravur. Als er sie etwas weiter von den Augen weghielt, konnte er zwei Daten erkennen. Das der Verlobung und das der Hochzeit. Es war Kathis Ring. Den eigenen Trauring hatte er später zur Hochzeit erworben. Darin stand kein Verlobungsdatum.

Er streifte beide über. Bald schon fühlte er die Wärme in den Ringfinger strömen und damit eine Kraft, in der er Kathis Anwesenheit spürte und mit ihr eine große Ruhe. Diesen Ring wollte er nie wieder ablegen.

*

Am nächsten Abend hatte es sich Mathes gerade in der Stube gemütlich gemacht und die erste Porz Viez des Tages eingeschenkt – es sollten nicht mehr als drei werden – als es klopfte und Schmall hereinkam. Mathes bot ihm einen Platz an. Viez lehnte der Besucher wie gewohnt ab. Die obligatorische Kanne Tee hatte der Nachbar diesmal nicht dabei.

Er fragte nach Alfredo und erfuhr, dass dieser mal wieder sein Glück im Telegrafenamt versuche. Schmall erzählte Mathes, was er am Abend zuvor von seiner Frau erfahren hatte. Bäbbchen, die Frau von Pitter Blasius, hatte nach dem Genuss von reichlich Eierlikör aus dem Nähkästchen geplaudert. Von Pitters Eskapaden, seinen teils krummen Geschäften, den Sauftouren mit seinem Spießgesellen Schersach und den daraus entstandenen

Auseinandersetzungen. Das alles habe nach der schweren Verletzung des Gastwirts und dem Verschwinden Schersachs ein abruptes Ende gefunden. Wenigstens für ein paar Monate lang. Ihr Mann habe sehr erleichtert auf die neueste Nachricht reagiert, dass sein Kumpel in einem Gefängnis in Metz gestorben sei. Pitter, der bei dem Vorfall in der Gaststätte wohl nicht ganz unbeteiligt gewesen war, habe bereits unter der Hand dem Opfer eine größere Summe Schmerzensgeld gezahlt.

Wenig später, nachdem Schmall gegangen war, kam Alfredo zurück. Der Verkauf seiner Zigarren war besser angelaufen als von ihm erwartet, schien ihn aber auch viel Kraft gekostet zu haben, er wirkte sehr erschöpft. In knappen Worten berichtete er aus dem Telegrafenamt, dass es auf absehbare Zeit keine Verbindungen nach Brüssel gäbe. Bald darauf verschwand er in seinem Zimmer.

*

Am nächsten Morgen musste Schmall seine Frau entschuldigen, der es nicht gut ging. Damit war die Rollenverteilung im Laden für den Tag klar. Alfredo übernahm die Rauchwaren und Mathes kümmerte sich um den Verkauf aller anderen Waren, die sich zunehmend auf heimische Produkte beschränkten. Die gab es jedoch ebenso auf dem städtischen Markt zu kaufen.

Die Ankunft von Alfredos exklusiven Rauchwaren schien sich in Windeseile in der Stadt herumgesprochen zu haben. Hatten Alfredo und Mathes insgeheim befürchtet, die Trierer könnten sich seine exklusiven Zigarren nicht leisten, so setzte sie der nicht versiegende Strom von Käufern in freudiges Erstaunen.

In der Mittagspause briet Mathes zu den Kartoffeln vom Vortag ein paar Spiegeleier. Alfredo hatte den Tisch gedeckt und überflog nun in der Zeitung die Berichterstattung über den Krieg.

„Vorhin hat mich jemand gefragt, ob ich übersetzen könnte.“ Alfredo faltete die Zeitung wieder zusammen.

„Wer hat gefragt?“

„So ein preußischer Kommisskopp.“

„Und was denkst du?“

„Beim Verhör von französischen Kriegsgefangenen will ich auf keinen Fall behilflich sein.“

„Kann ich verstehen.“ Mathes stellte die dampfende Pfanne auf den Tisch. Die Bratkartoffeln dufteten köstlich.

Am Nachmittag betrat Wachtmeister Holzer, die Pickelhaube im Arm, den Laden. Der Polizist wirkte verwundert, als Alfredo sich ihm als Alfred Höllen vorstellte und anschließend das Sortiment im kölnisch gefärbten Deutsch vorstellte. Zum Schluss schaffte er es sogar, dem Gendarmen eine Zigarre der gehobenen Preisklasse zu verkaufen. Holzer ließ sich nicht einmal Alfredos Papiere zeigen. Angesichts der aktuell sehr überlegenen militärischen Situation sah er wohl keine Veranlassung dazu, nach möglichen französischen Spionen zu fahnden.

Zwei Tage später war der komplette Bestand von Alfredos Zigarren verkauft.

*

Nach der Schlacht von Sedan kesselte ein Großteil des deutschen Heeres Paris ein. Bahn und Flussschifffahrt blieben ausnahmslos für den Nachschub an Waffen, Munition,

Verpflegung und weiteren Soldaten an die Front reserviert. Zurück brachten die Züge und Schiffe immer mehr Kriegsgefangene, die meisten ausgemergelt, viele verwundet.

Alfredo war auf eine Anfrage von Dr. Rosbach hin als Übersetzer und Hilfspfleger für die verwundeten französischen Soldaten im Provinzialmutterhaus tätig. Auf diese Weise habe er das Gefühl, etwas zurückgeben zu können, hatte Alfredo erklärt. In den knapp zwanzig Jahren in Paris sei es ihm meist gut ergangen. Die Arbeit im Lazarett schien nicht leicht zu sein. Manchmal erzählte er abends von dem Leiden der Soldaten, einige fast noch Kinder.

*

Ein Zweispänner hielt neben dem Laden. Mathes, der schon überlegt hatte, den Laden für heute zu schließen, beobachtete durch die Scheibe, wie ein Mann im Staubmantel sich vom Kutschbock schwang, die verschwitzten Pferde abrieb und ihnen Futterkörbe anhängte. Den Mantel legte er ab, bevor er ungewöhnlich viele Köfferchen aus dem Landauer holte und neben der Ladentür abstellte. Als er hereinkam, erkannte Mathes Vertreter Severin wieder, der Gewürze und Tees vertrieb. Kathi war immer seine Ansprechpartnerin gewesen.

Mathes bemerkte erst nach der Begrüßung, dass er mit seiner rechten Hand den Ringfinger der linken umklammerte. Der Ring gab ihm die Kraft, dem Besucher mitzuteilen, dass Kathi gestorben war. Der Vertreter schien aufrichtig betroffen und sprach sein Beileid aus. Zu Mathes' Erleichterung kam er gleich auf das Geschäftliche zu sprechen. „Auch in schweren Zeiten wollen wir für unsere treue Kundschaft da sein." Die Worte klangen so, als hätte er sie schon häufig aufgesagt.

Er legte zwei der Köfferchen auf die Theke. Im ersten befanden sich verschiedene Tees, zu Mathes' Überraschung enthielt das zweite Zigarren, Schnupf-, Pfeifentabak und sonstige Rauchwaren.

„Wir haben uns zusammengetan. Meine Kollegen und ich. Schwierige Zeiten erfordern mutige Lösungen. Und so haben wir uns das gesamte Gebiet entlang der Front in vier Regionen aufgeteilt, in der wir uns gegenseitig unterstützen. Jeder von uns bietet auch das an, was die Kollegen in Friedenszeiten offerieren." Severin wies auf die anderen Koffer. „Tee, Gewürze, Kaffee, Tabak, Kinkerlitzchen, das ganze Programm. So können wir hoffentlich die Lieferengpässe abmildern."

Mathes seufzte. „Sehen Sie sich um, fast alles, was nicht von hier stammt, ist ausverkauft." Er wies mit dem Zeigefinger auf die Regale ringsum. „Seit die Bahn und die Moselschifffahrt für das Militär reserviert sind ..."

„Wir finden einen Weg, wir haben da was aufgetan", unterbrach ihn der Vertreter in überzeugtem Ton und fuhr etwas leiser fort. „Wir können was in Duisburg auf einen Lastkahn mit militärischen Gütern laden. Die Waren werden als Proviant für die Besatzung deklariert. Was die damit macht, ist ihre Sache." Er schaute Mathes eindringlich an. „Herr Fischer, ich kann mich auf ihre absolute Diskretion verlassen?"

„Ich wär' ja schön blöd, wenn ich den Mund net halten könnt."

„Die Ware müsste ganz diskret vom Schiff zu Ihnen geschafft werden. Können Sie das bewerkstelligen?"

„Das dürfte kein Problem sein." Mathes fuhr bereits mit dem Finger an den Bestellposten entlang. Tabak und

Hochprozentiges standen derzeit sehr hoch im Kurs bei der Kundschaft. Davon orderte er das Dreifache. Von den anderen Waren das Doppelte der üblichen Bestellmenge. Es war ein stattliches Sümmchen, das er am Ende vorlegen musste. Hoffentlich würde alles gutgehen.

*

Mathes vermisste die abendlichen Gespräche und fühlte sich manchmal einsam. Schmall blieb bei seiner Frau, die sich weiter große Sorgen um ihren Sohn machte. Alfredo kam meist erst spät und hundemüde vom Provinzialmutterhaus und legte sich dann gleich hin. Wenn es besonders hoch herging, nahm er mit einer Liege im Spital vorlieb.

Mathes las den Klatsch im Journal Tant Suss. Die ausgedehnte Kriegsberichterstattung in den Zeitungen war ihm weiterhin zuwider. Zuweilen schaute er in eins der Bücher, die er sich mit Bedacht zugelegt hatte. Fand er keinen Zugang zu der Geschichte, dann räumte er die Wohnung auf. Während der Monate, in denen Kathi schwer krank war, und nach ihrem Tod wurde zwar sauber gemacht, aber um Ordnung hatte sich niemand gekümmert, Mathes am allerwenigsten.

Die Rumpelkammer hatte über Jahre als Stauraum für alles gedient, was im Haushalt nicht mehr gebraucht wurde. Damit Alfredo endlich seine Kleidung aus dem Koffer räumen konnte, machte sich Mathes daran, den Schrank aufzuräumen. Heute war einer der Tage, an denen er nicht jedes Teil in die Hand nahm und darüber sinnierte, ob es irgendwann noch einmal zu gebrauchen wäre. So gelangte ein Großteil der alten Kleidung aus dem Schrank in den Sack für den Lumpenhändler.

Ein Hausmantel weckte seine Aufmerksamkeit. Kathi hatte mal erzählt, ihr Vater habe ihn von einer seiner Reisen mitgebracht, aber letztlich nie getragen. Mathes hängte ihn außen an den Schrank, ging drei Schritte zurück, musterte die doppelte Knopfreihe auf dem edel wirkenden Stoff. Das Stück ähnelte dem Hausmantel, den Félix Nadar in seinem Atelier in Paris getragen hatte.

Er bürstete den Staub ab, legte ihn an und wickelte sich einen geflochtenen Gürtel um die Taille, der unten im Schrank gelegen hatte. Der Hausmantel passte perfekt und fühlte sich bequem an. So gekleidet verließ Mathes am späteren Abend das Haus. Die wenigen Passanten auf der Weberbach beachteten ihn kaum. Um diese Zeit wollten die meisten nur noch nach Hause. Nach einer kurzen Wegstrecke erfasste ihn der Sog, den er früher meistens verspürt hatte, wenn er hier am Abend unterwegs war. Seine frühere Stammkneipe, die Höll, war nicht mehr weit.

Seufzend machte Mathes kehrt. Zuhause auf dem Sofa stopfte er sich zufrieden eine Pfeife und füllte Viez in die Porz. Eigentlich hatte er hier in seiner Stube alles, was er brauchte. Und auf die zumeist belanglosen Gespräche in der Höll konnte er gut verzichten. Hoffentlich würde sich der Geruch nach Mottenpulver bald aus dem Hausmantel verflüchtigen.

*

Wie vereinbart erhielt Mathes einen Tag vor dem Eintreffen der Ware eine Nachricht per Telegramm von Severin. ‚Glückwunsch für Antonia, Freitag'. Diese vier Worte enthielten den Namen des Schiffes und den geschätzten Tag der Ankunft.

Am Samstag brachte Linsenwöllm per Handkarren, dessen Ladung er diskret mit einer alten Pferdedecke vor neugierigen Blicken schützte, die Ware, die wie angekündigt am Vorabend per Schiff am Kranen angekommen war. In der Nacht war die Ladung in einem Schuppen hinter den zur Mosel gelegenen Häusern der Brückenstraße zwischengelagert worden.

„Heut' sinn scho widder welch komm", sagte Linsenwöllm, als ihm Mathes nach getaner Arbeit zum vereinbarten Lohn einen Schnaps spendierte.

„Hab' ich gehört." Mathes verstand, worauf er anspielte. Die Trierische Zeitung berichtete, dass täglich mehr und mehr Kriegsgefangene in Trier eintrafen.

„Numen Haut un Knochen", bemerkte der Dienstmann. „Denen schmakt unser Mehlzupp un dat Kommissbrot net, die sinn Fleisch gewinnt. Un woar et nummen Pferdsfleisch von den eigenen Gäul."

„Wenn sie überhaupt was gekriegt haben." Mathes nickte.

„Beklotzt werden se von de Leut, wie de Affen ob em Joahrmort."

„Manche sollen ihnen aber auch was zu essen geben."

„Die sinn gestern Abend durch de Brickenstroaß in de Kasern. Und de Leut hann Spalier gestann und geklotzt, besonners bei den Nejern."

„Die aus den Kolonialtruppen." Mathes erinnerte sich an die Bediensteten und Musiker in den nordafrikanischen Pavillons bei der Weltausstellung in Paris. „Die meisten sollen weiter Richtung Köln ..." Fast schneller als die Ladenglocke bimmeln konnte, war Linsenwöllm schon wieder zur Tür hinaus.

Trier, 1870

Pocken

An einem herbstlichen Abend, die Mariensäule war schon vor Einbruch der Dunkelheit in Nebel gehüllt, schälte Mathes in der Küche Kartoffeln. Anfangs gab es immer wieder Geräusche, die er nicht zuordnen konnte. Während er den Topf, in dem vorher die Eier gekocht hatten, mit den Salzkartoffeln auf den Herd stellte und in einem zweiten Butter und Sahne erhitzte, fiel ihm ein, dass ihm die Soße beim letzten Mal etwas zu dünn geraten war. Diesmal wollte er mehr Mehl einrühren. Im Rezept, das er aus Carolines Kochkladde abgeschrieben hatte, waren nur die Zutaten vermerkt, keine Mengenangaben. Die Dosierung musste er aus der Lamäng hinbekommen. Als er später die klein geschnittenen Eier in die Soße einrührte, klopfte es und Alfredo erschien in der Küchentür.

„Hab' ich mich doch nit verhört", begrüßte ihn Mathes. „Guten Abend, heut gibt et Krumpern mit Eiersoß."

„Tut mir leid, ich muss gleich wieder zurück." Alfredo war in der Tür stehen geblieben. Erst jetzt sah Mathes den Koffer.

„Willst du verreisen?"

„Nein, ich muss umziehen."

„Gefällt et dir nit mehr bei mir?"

„Natürlich würde ich viel lieber hierbleiben, aber wir haben die Pocken."

„Ich hann gehört, die kämen von den Franzosen."

Alfredo nickte. „Ja, die Franzosen haben das auf die

leichte Schulter genommen. Im Lazarett sind schon etliche erkrankt. Viele dürften die Pocken nicht überstehen, weil sie ohnehin geschwächt sind. Die Ärzte meinen, wir sollten uns mal ein paar Wochen abschotten. Es dürfen auch keine Besucher mehr ins Lazarett. Sonst haben wir die Pocken nachher in der ganzen Stadt."

„Und was ist mit den Soldaten bei den Preußen?"

„Bei denen hat man wohl Wert auf eine regelmäßige Impfung gelegt. Es wird sogar gemunkelt, das könnte zum Sieg beigetragen haben."

„Dann ess' nebenan, wenn du mich partout nit anstecken willst." Mit diesen Worten reichte Mathes ihm mit lang ausgestrecktem Arm einen dampfenden Teller, auf dem er die Eiersoße über die Kartoffeln gegeben hatte.

„Danke." Alfredo nahm nun doch am anderen Ende des Küchentisches Platz und blies über das heiße Essen. „Kann ich den anderen Koffer bei dir stehen lassen?"

„Selbstverständlich", sagte Mathes. „Und behalt den Schlüssel von der Haustür."

„Vorzüglich, délicieuse!", lobte sein Gast nach den ersten Bissen. Dafür, dass er für gewöhnlich mit viel Bedacht aß, war sein Teller erstaunlich schnell leer.

„Möchtest du noch einen Nachschlag, es ist genug da."

„Vielen Dank", wehrte Alfredo ab. „Hat großartig geschmeckt." Er legte das Besteck zusammen und ließ sich ein Glas Wein einschenken.

„Wie geht es dir bei den Borromäerinnen, wenn du jetzt schon ihrem Orden beitrittst?", fragte Mathes.

Alfredo lachte. Anfangs habe er im Lazarett die Ärzte bei der Visite begleitet und ihre Fragen an die französischen Patienten übersetzt. Die Antworten seien oft recht wortkarg ausgefallen. Eine Schwester der Borromäerinnen hatte vermutet, die Reserviertheit der französischen Verwundeten könne an Alfreds Zivilkleidung liegen. Und tatsächlich, seit er bei der Visite einen weißen Kittel trug, verdächtigten ihn die französischen Patienten nicht mehr, ein preußischer Agent oder was auch immer zu sein. Auf einmal vertraute man ihm bei der Visite ebenso wie den anderen Herren.

Nach einem zweiten Glas Wein gab Alfredo augenzwinkernd preis, er habe sich inzwischen zu einem der bestgekleideten Mitglieder der Visite entwickelt. Nicht selten würde er von den Kranken mit Monsieur le Professeur angesprochen. Das wäre nun sein Spitzname im Spital.

„Ungeachtet dessen, kümmert sich Monsieur le Professeur weiterhin um den Verbandswechsel.“ Alfredo schob seinen Stuhl zurück und stützte sich beim Aufstehen vom Tisch ab. „Leistet Hilfe beim Essen und Trinken und lässt sich auch Briefe an die Verwandten in der Heimat diktieren.“

„Das freut mich für dich und natürlich auch für deine Patienten.“

„Pass auf dich auf! Die Pocken sind höchstansteckend.“ Alfredo hob den Zeigefinger. „Keinen Händedruck mehr! Du kannst dich schon anstecken, wenn du nur etwas anfasst, an dem die Erreger hängen.“

„Und wat iss mit den Groschen und Marken?“

„Da gibt es nur eins. Immer wieder die Hände waschen ... und zwar gründlich. Kein Wischiwaschi!“

Mathes wollte Alfredo zum Abschied umarmen, doch der wich zurück. „Besser nicht. Das holen wir nach, wenn die Sache überstanden ist, à bientôt.“

„Tschö, Monsieur le Professeur, hat mich gefreut.“

*

Mathes hatte die Ladentür bereits abgeschlossen, als es draußen klopfte. Da es schon recht dunkel war, konnte er durch das Glas nur die Konturen einer männlichen Gestalt erkennen.

„Da hast du Glück, dass ich so spät noch da bin", begrüßte er seinen Freund Heinrich.

„Ich denke, das Glück liegt eher auf deiner Seite. Ich habe was für dich dabei." Der Arzt stellte seinen ledernen Arztkoffer auf die Theke. „Da ist eine Impfung für dich drin."

„Wie komme ich zu dieser Ehre?"

„Du bist zum Glück eine kriegswichtige Person."

„Wie kommt das denn?"

„Dazu gehören der medizinische Bereich, der öffentliche Dienst", erklärte der Mediziner. „Und auch die Versorgung."

„Mit Tabak und Schnaps?", fragte Mathes.

„Das vielleicht weniger."

„Wenn Tee, Kaffee und Gewürze auch zählen."

„Bei dir gibt es auch Lebensmittel." Der Doktor schien die Geduld zu verlieren. „Sag doch, wenn du nicht geimpft werden willst, oder gehörst du zu denen, die behaupten, dass einem danach Hörner wachsen, weil das Serum aus dem Euter von Kühen gewonnen wird, genauer gesagt, aus der Kuh ..."

„Kuhpockenlymphe", ergänzte Mathes.

„Du scheinst dich ja auszukennen!" Rosbach wirkte auf einmal nachdenklich. „Ich kenne dich lange genug, um zu wissen, dass du keiner von denen bist, die einen Eiertanz aufführen. Was ist los?"

„Eigentlich gar nix, ich will dich auch nicht unnötig aufhalten, falls du noch jemand auf deiner Liste hast, der die Impfung vielleicht besser gebrauchen könnte."

„Mathes, was ist los?", beharrte sein Gegenüber.

„Irgendwie habe ich das Gefühl, die Impfung wäre bei einem anderen besser aufgehoben.“

„Warum?“

„Weil ich ...“

„Weil du?“

„Weil es mir vielleicht egal ist ...“

„Was egal ist?“

„Falls die Pocken mich erwischen. Ich habe doch eigentlich für niemand mehr zu sorgen, weder für Kinder noch für ...“

In den nächsten Tagen zuckte Mathes jedes Mal zusammen, wenn er vergaß, dass er seit der Injektion mit dem linken Arm bestimmte Bewegungen nur unter Schmerzen ausführen konnte.

Trier, 1875

Max

Zu den Lichtblicken in dem immer eintöniger werdenden Alltag zählten die Besuche seines Neffen Theo, Winzer aus Mehring, mit dem Großneffen Max, der für Mathes wie ein Enkel war. Während sein Vater Besorgungen in der Stadt erledigte, unternahm er mit dem 10-Jährigen kleine Ausflüge. Mal ging es mit der Fähre über die Mosel zum Hawschen Gut oder sie beobachteten die Ankunft der Dampfer aus Metz, wie die Lastkähne im Hafen entladen wurden und was auf den verschiedenen Märkten so los war. Max war ein aufgewecktes Kind und sehr neugierig. Mathes bereitete es große Freude, die vielen Fragen ausführlich zu beantworten. Überrascht war er, wie sehr sich der kleine Max für die Landschaftsbilder von Ramboux begeistert hatte, als sie das Stadtmuseum besuchten.

Heute waren sie zum Kaaskeller gegangen. Mathes zeigte dem vom ehemaligen Amphitheater beeindruckten Jungen die Stelle, wo früher bei den Übungen der Primanerkompagnie die Zielscheibe gestanden hatte. Hier gab es sogar noch Einschüsse der verirrten Kugeln von den Schießübungen zu sehen. Dann ging es auf die gegenüberliegende Seite der Arena.

„Da sinn ich mal hinterrücks runtergefallen.“ Mathes wies auf den Graben neben der Treppe, die hoch zu den Zuschauerrängen führte. „Da war mir die Flint explodiert.“

„Warum ist das passiert, Onkel Mathes?“, wollte Max wissen.

„Was?“

„Die Explosion.“

„Irgendein Depp hatte das Gewehr schon geladen.“

Der Junge sagte eine Zeitlang nichts und stocherte dabei mit seinen pinnenbeschlagenen Schuhen an einem Maulwurfshügel: „Und dann hat noch ein Depp eine Ladung obendrauf gestoppt?“

„So könnte man es sagen.“ Mathes legte dem Jungen eine Hand auf die Schulter. „Merk dir dat …“

„Mach ich.“

„Du weißt doch noch gar nicht, was ich sagen wollte.“

„Dass ich bei einer fremden Flinte vorher gucke, ob sie schon geladen ist“, sagte der Kleine.

„Das auch.“ Mathes nickte. „Aber ich meine wat anneres. Du hast vorhin gesagt, dass damals, als mir das Missgeschick passiert ist, ein Depp noch eine Ladung dazu gestoppt hat.“

Der Junge nickte.

„Der Depp war ich, keine Frage, aber merk dir, für das Beleidigen bin ich zuständig. Net du!“ Mathes hob den Zeigefinger und schaute dem Jungen in die Augen, der seinem Blick standhielt. „Also, ich Depp sinn dat gewes. Dat darf ich über mich sagen, aber du darfst noch lange nicht zu deinem Onkel Depp sagen! Verstanden?“

„Hab‘ ich ja auch gar nicht“, beschwerte sich Max. „Nur gesagt, da hat noch ein Depp eine Ladung dazu gestoppt. Und nicht, dass du ein Depp bist.“ Der Junge hielt Mathes’ Blick immer noch unverwandt stand.

„Schlau bist du auch noch, bauernschlau, besser gesagt, winzerschlau. Das wird dich aber später im Leben vor so mancher Tracht Prügel nicht bewahren, das prophezeie ich dir!“

„Bist du auch schon viel verhauen worden, Onkel Mathes?“

*

Mehlbreuer war Fotograf geworden und betrieb ein florierendes Geschäft nur ein paar Häuser weiter in der Hosenstraße. Schon einige Male hatte er Mathes ein Porträtfoto angeboten. Als dieser sich dann endlich dazu bereit erklärte, wollte Mehlbreuer ihn lieber in seiner häuslichen Umgebung ablichten. So posierte Mathes bereits einen Tag später auf seinem Sofa in der Stube neben dem Laden, wie immer bekleidet mit seinem Hausmantel, Pantoffeln an den Füßen und einer runden Kappe mit Seidenquaste auf dem Kopf.

Mehlbreuer wuchtete die schwere Kamera, wie Mathes sie von Nadar aus Paris kannte, auf das Stativ. Der Fotograf hatte ein zweites Gestell dabei, das die chemischen Zutaten für den Blitz tragen sollte. Eine mächtige Stichflamme sollte drinnen das natürliche Tageslicht ersetzen.

Mathes saß aufrecht auf dem Sofa, während Mehlbreuer seine Geräte in Stellung brachte. Schließlich war es soweit. Der Fotograf verschwand unter dem Vorhang hinter der Kamera mit dem großen Objektiv.

Mathes hielt die Luft an, damit das Bild nicht verwackelt sein würde. Er sorgte sich, ob das grelle Licht ihn nicht zu sehr blendete und die Augen schließen ließ. Doch Mehlbreuer tauchte wieder unter dem Vorhang auf.

„Sitzt du abends wirklich so da?“, fragte er.

„Nicht ganz, eher so.“ Mathes zog einen Schemel heran, auf den er seine Füße stellte.

„Schon besser.“ Mehlbreuer verschwand wieder unter

dem Vorhang, kam aber gleich wieder hervor.

„Richtig gemütlich sieht das immer noch nicht aus."

„Ist es so besser?" Mathes legte sein linkes Bein auf die Sitzfläche und seinen linken Arm darüber.

Wieder tauchte der Fotograf ab. „Da fehlt immer noch was." Unter dem Vorhang war er nur schwer zu verstehen.

„Was meinst du?"

„Was machst du denn abends auf der Couch? Liest du in der Zeitung oder hast du eine Porz in der Hand?"

„Manchmal beides", antwortete Mathes. „Aber die hab' ich fast immer in der Hand." Er steckte sich eine lange Pfeife in den Mund, die fast bis zum Boden reichte.

Obwohl der Blitz sehr hell und er Stunden danach noch geblendet war, sah Mathes auf dem Foto, das er zwei Tage später im Atelier von Mehlbreuer erhielt, einen Mann, der mit offenen Augen und ernster Miene in die Kamera blickte.

Trier, 1877

Autorität

Bei der Kommunikation mit Autoritätspersonen des Militärs und der Polizei war Mathes' diplomatisches Geschick recht begrenzt. Schon bei Unteroffizieren, Sergeanten und Fähnrichen rümpfte er die Nase, und ab Feldwebel aufwärts gab es kein Vertun, die waren ihm allesamt suspekt. Seine Abneigung gegenüber Schutzmännern war auch deshalb so ausgeprägt, weil sie ihm einfach ständig in die Quere kamen. Den Klerus sah er ebenfalls kritisch. Seit Jahren hatte Mathes keinen Gottesdienst mehr besucht. Der letzte war die Trauerfeier für Kathi gewesen, an den er sich nicht erinnerte. Die Erfüllung der religiösen Rituale am Sonntag hatte bei den erzkatholischen Trierern einen hohen Stellenwert und viele achteten darauf, wer fromm war und wer nicht.. Vielleicht dachten diejenigen, die Mathes im Hochamt im Dom vermissten, er habe die Frühmesse besucht oder er sei in Liebfrauen oder Gangolf oder bei den Jesuiten oder habe den Besuch auf dem Hauptfriedhof mit dem Kirchgang in Paulin oder Martin verbunden. Als der Bischof später im Gefängnis saß, störte es Mathes nur deshalb, weil die Preußen daran die Schuld trugen.

An einem Abend im späten Herbst ließ sich Mathes zu vorgerückter Stunde an der Theke in der Höll eine letzte Porz einschenken. Nebenan beglich ein Offizier seine Rechnung.

„Ist das nicht ein ...“ Der Offizier deutete auf Mathes

Kleidung. „Ein Hausmantel, die Franzosen sagen Robe de Chambre dazu."

„Ja unn?", fragte Mathes.

„Einen Hausmantel, wie der Name schon sagt, trägt man für gewöhnlich in den eigenen vier Wänden. Zuhause kann man darin vielleicht auch mal einen Verwandten empfangen", versuchte ihn der arrogante Kerl zu belehren.

„Dat hier iss quasi mein gut Stuff und die Leut' hier, die sinn mein Familisch. Von denen hat sich noch nimmes über mein Rob beschwert." Er wandte sich an die Wirtin. „Wat soast du, Elli?"

„Den Mathes gehört hierher, so wie en iss."

Mathes nickte. Er schaute an dem Offizier herunter. „Jeder hat sein Montur an."

„Einer Uniform wird Respekt gezollt."

„Kommt droff an."

„Vorsicht! Sie bewegen sich jetzt auf ganz dünnem Eis."

„Dat kann ich. Ich war schon auf der Musel, als se nur en bissi gefror woar."

Der Offizier schien Schwierigkeiten zu haben, Mathes' Dialekt zu verstehen.

„Wollen Sie meine Autorität in Zweifel ziehen?"

„Nebenoan an der Kasern wird vor der Uniform strammgestan, hinner der Grenz wird druff geschoss."

„Das ist doch ..." Dem Mann verschlug es die Sprache

„Lieber ausgelacht als totgeschoss."

„Ich bin geneigt", der Offizier streckte den Rücken gerade durch, „Sie zur Satisfaktion aufzufordern."

„Morjen frieh um halwer siewen am Kaaskeller." Mathes fischte an einem Kettchen seine Taschenuhr aus dem Inneren seines Hausmantels. „Et iss schon spiet, kann sein, datt ich so früh noch schloafen dun, nach den sieben

Porzen." Er versuchte, einen Rülpser zu unterdrücken. „Unn wenn ich morjen frieh zur Satisfaktion zu spät kommen sollt, dann fangt scho mal ohne mich oan!"

Der Offizier wandte sich kopfschüttelnd ab. „Der hat wohl einen über den Durst getrunken."

Trier, 1879

Kunst

Nachdem die Gemälde des Malers Ramboux so einen großen Eindruck bei Mathes' Großneffen Max hinterlassen hatten, durfte er Tante Frieda ins Haus von Dr. Heinrich Rosbach begleiten, wo sie ihm die Bilder zeigte, die der Arzt während seiner Schul- und Studienzeit gemalt und gezeichnet hatte. Motive waren Burgen, Ruinen und Flusslandschaften.

Als Max danach bei Mathes in der Stube den Anekdoten seines Großonkels lauschte, wie er den Maler in Jugendjahren begleitet und nicht selten seine Staffelei getragen hatte, betrachtete der Junge die Bilder an den Wänden.

„Hat die Kathi die auch gemalt, als sie noch jung war?" Max wies auf die Gemälde, die teils in zwei Reihen übereinander aufgehängt waren.

„Sie hat bis zuletzt gemalt."

Mit seinem Geschenk hatte Mathes damals einen absoluten Volltreffer bei Kathi gelandet. Erst waren es Stillleben, doch nach und nach verlegte sie sich auf Motive, die sie aus dem Gedächtnis malte. Als Orientierungshilfe dienten ihr manchmal auch Bilder aus Büchern, zu denen sich auf der Leinwand mitunter Tiere und Menschen gesellten. Das Malen hatte ihr gutgetan. Es tröstete sie, brachte sie auf andere Gedanken und verdrängte die Schmerzen. Sie kam sich in ihrem geschwächten Zustand weniger nutzlos vor und freute sich, wenn Mathes, Caroline, Bäbbchen, Frieda, Schmall und sogar Dr. Rosbach ihre Werke bewunderten. Selbst als sie schwer krank wurde, war sie – wenn sie die Kraft dazu hatte – an der Staffelei zu finden.

Max konnte sein Glück kaum fassen, als ihm Mathes zum Abschied die Pinsel, Farbtuben und Leinwände schenkte. Dazu legte er ein Buch von Georg Forster mit Zeichnungen des Entdeckers – alle in Farbe. Der Forscher hatte James Cook bei dessen zweiter Weltumseglung begleitet. Der Junge konnte nicht wissen, wie wertvoll dieses Buch war.

„Pass' gut drauf auf", mahnte Mathes.

„Was ist denn das?" Max zog ein gefaltetes Blatt aus dem Buch.

„Zeig' mal." Mathes ließ es sich rüberreichen. Es war ein Brief, den ihm Alfredo vor etlichen Jahren aus Straßburg gesendet hatte. Zusammen mit seiner Frau hatte er dort nach dem Krieg einen Tabakladen eröffnet. Die Stadt stand seit Ende des Krieges unter preußischer Verwaltung, sollte sich aber, wie er schrieb, ihren französischen Charme bewahrt haben. Wäre Kathi noch am Leben, hätte er Alfredos Einladung sofort angenommen.

Trier, 1879

Ausgefeiert

Mathes verschob das im Schaufenster an eine Flasche gelehnte Schild aus Pappkarton um wenige Zentimeter. Am frühen Abend hatte er darauf seinen letzten Hinweis für die Kunden geschrieben. Wenn es hell würde, konnte man darauf lesen: „Wegen Sterbefall geschlossen".

Nun stellte er die beiden dicken Kerzen links und rechts vom Stuhl auf und entzündete sie mit einer Feierlichkeit, wie er es seit den Hochämtern an Feiertagen nicht mehr getan hatte, als er Messdiener in Liebfrauen war.

Sich vorsichtig an einem Wandregal abstützend, stieg er auf den Stuhl und legte einen Strick über den dicken Nagel, den er schon vor zwei Wochen waagerecht in den Balken geschlagen hatte. Als sein Freund, der Geometer Schmall, nach der Bewandtnis für den Nagel fragte, hatte er ihm versucht weiszumachen, dass er dort ein Brettchen anbringen wolle.

Mathes legte sich die Schlinge um den Hals, holte tief Luft und umklammerte Kathis Ring.

Es war schon nach Mitternacht, der Aschermittwoch bereits angebrochen. Das Scheppern auf der Straße klang wie das Zerschellen eines tönernen Blumentopfes auf dem Pflaster. Eigentlich hatte Mathes sich die Situation friedlicher vorgestellt, aber nun musste er sich doch noch ein letztes Mal aufregen und brüllte: „Ka ma hei no nit moal in Ruh sterwen?"

LITERATUR UND WEITERE QUELLEN

Ambrosi, Marlene,
Jenny Marx – ihr Leben mit Karl Marx, Trier 2015

Brandler, Gerhard,
Eckensteher Blumenmädchen Stiefelputzer, Leipzig 1988

Fischer-Fabian, Siegfried,
Preußens Krieg und Frieden, München 1981

Forster, Georg,
Reise um die Welt, Frankfurt a. M. 1983

Franz, Gunther,
Lücking, Hermann, 250 Jahre Trierer Zeitungen, Trier 1995

Gosling, Nigel,
Nadar, Photograph berühmter Zeitgenossen, Stuttgart 1976

Jung, Hermann,
Fischers Maathes und seine Kumpane, Leipzig 1936

Hand, Ralf, Reichert, Hans
u. a., Flora der Region Trier, Trier 2016

Kentenich, Gottfried,
Geschichte der Stadt Trier, Trier 1915

Köhl, Peter, Heinrich Rosbach,
Ottweiler 1985

Prüm, Karl-Josef,
Ausflüge zu den Naturdenkmalen im Trierer Land, Trier 2012

Schmal, Karl,
Aus Fischers Maathes letzten Tagen, Neues Triererische Jahrbuch, Trier 1961

Trierer Heimatglocken,
Blätter für heimatliche Geschichte, Trier 1929

Trierischer Volksfreund, Fischers Maathes Witze und Anekdoten, Zeichnungen: Linden, Fritz-Peter

Twain, Mark,
Die Arglosen im Ausland, München 1985

Weyand, Michael,
Trier Anno Tubak, Trier 1984

Zenz, Emil,
Geschichte der Stadt Trier im 19. Jahrhundert, Trier 1979

www.fischers-maathes.de,
Helmut Haag

http://wikipedia.org/wiki/mathias_Joseph_Fischer
wikipedia.org/wiki/Weltausstellung_Paris_1867

Mischa Martini

Fischers Mathes
und die Revolution

Um Fischers Mathes (1822–1879) ranken sich bis heute viele Anekdoten, in denen er zumeist als respektloser Spaßmacher erscheint, der sich von niemandem einschüchtern ließ. Doch hinter Mathes steckte auch eine tragische Figur. Die wirtschaftliche Situation der Familie zwang ihn, das Gymnasium zu verlassen. Während seinen Klassenkameraden eine hoffnungsvolle Zukunft offenstand, blieb ihm nur der Wunschtraum von der Erkundung der Welt im Namen der Wissenschaft.
Die Revolution von 1848 mit den Protesten gegen Armut, Standesunterschiede und die preußische Regierung ließ bei ihm und vielen Gleichgesinnten Hoffnung aufkeimen.
Davon erzählt dieses Buch, unterhaltsam und spannend.

Verlag Michael Weyand | Trier

Taschenbuch | 264 Seiten | 12 x 19 cm | 10,95 €
ISBN 978-3-942 429-94-8
im Buchhandel und unter www.weyand.de